Köstlichkeiten aus aller Welt

Band 1

100 indische Gerichte

von

Vivien Weise

1987
Hayit Verlag, Köln

CIP-Kurztitelaufnahme der Deutschen Bibliothek
Weise, Vivien:
100 [Hundert] indische Gerichte / von Vivien
Weise. – Köln : Hayit, 1987.
(Köstlichkeiten aus aller Welt ; Bd. 1)
ISBN 3-922145-89-2
NE: GT

1. Auflage 1987
ISBN 3-922145-89-2

Satz: Hayit Verlag GmbH, Köln
Druck: Caro, Frankfurt

Inhaltsverzeichnis

Rezepte

Vorwort

Viele Monate lang war ich in Indien unterwegs gewesen und hatte dabei von der einfachen Straßenküche bis zum Festessen die kulinarischen Köstlichkeiten Indiens kennengelernt. Und immer wieder aufs neue war ich von der Vielfalt an Geschmacksrichtungen und von der Variationsfähigkeit der indischen Küche begeistert.
Um die exotischen Genüsse auch zu Hause auf den Tisch bringen zu können, begann ich damit, Rezepte zu sammeln und mich intensiv mit der indischen Kochweise, besonders mit der Kunst des Würzens, auseinanderzusetzen.
Verdutzten Straßenköchen sah ich beim Kochen über die Schulter und auf Märkten ließ ich mich von den Frauen über Lebensmittel und Zubereitungsarten beraten. Ob Einladungen bei indischen Freunden oder Besuche in gediegenen Restaurants – jede Gelegenheit benutzte ich, beim Vorbereiten und Kochen der Speisen in die Töpfe zu gucken.
Mit meinen Kenntnissen über die indische Küche wuchs meine Sammlung an indischen Rezepten – beide Grundlagen für dieses Buch.

Zu diesem Buch

Alle Rezepte, die in diesem Buch zusammengetragen wurden, habe ich zu Hause noch einmal nachgekocht und gelegentlich leicht modifiziert: Denn drei grundlegende Aspekte liegen diesem Buch zugrunde:

★ **Schnelle Küche**
Bis auf wenige Ausnahmen für festliche Gelegenheiten sind alle Gerichte in kurzer Zeit zuzubereiten. Nur einige wenige Gerichte haben Garzeiten von mehr als einer halben Stunde.

★ **Preiswerte Küche**

★ **Unkomplizierte Küche**
Die Gerichte sind einfach zuzubereiten, d.h., es wurde bei der Auswahl der Gerichte darauf geachtet, daß keine aufwendigen und komplizierten Vorbereitungen notwendig sind und daß die erforderlichen Gewürze und Zutaten problemlos erhältlich sind.

Neben den Rezepten wird auch Wissenswertes rund um die indische Küche vermittelt, z.B. über indische Eßsitten. Ein eigenes Kapitel beschäftigt sich mit der indischen Würzkunst. Hier werden die grundlegenden Gewürze vorgestellt und Tips zu deren Verwendung gegeben. Eine Vielzahl von Tips hilft weiterhin, mit den typischen Zubereitungsarten der indischen Küche vertraut zu werden.

Essen und Trinken

Als ich das erste Mal nach Indien reiste, fiel mir sofort auf, mit welchem Einfallsreichtum, mit welcher Variationskunst selbst der einfachste Straßenkoch noch mit wenigen Mitteln ein schmackhaftes Essen zubereitete. Das Geheimnis liegt nicht nur in der großen Auswahl an Gewürzen, sondern vor allem darin, sie sorgfältig aufeinander abzustimmen und beim Kochen so zu behandeln, daß ihr Aroma zur vollen Entfaltung gelangt.

Kleine Garküchen, die oft nur zwei Quadratmeter groß sind, und einfache Eßstände sind in Indien überall zu finden. Überall findet man auch kleine Bäckereien, die Tschapattis, Naan oder Puris und andere brotverwandte Leckereien herstellen. Als Kochgerät wird nur eine Pfanne auf offenem Feuer oder ein Tandoor benutzt. Der Tandoor ist der Allzweckofen der Inder. Dieses universelle Gerät ist meist krugförmig und besitzt eine mit festgebranntem Lehm ausgekleidete Höhlung, auf deren Boden Brennholz entzündet wird. Obendrauf kann man eine Pfanne oder einen Topf plazieren. Der Tandoor kann gleichzeitig auch als Backofen verwendet werden. An die durch die Glut erhitzten Außenwände werden die tellerförmigen Tschapattis geklebt und dort gebacken, was nur einige Minuten dauert.

Tschapattis sind nicht nur eine Beigabe zu den „Curries", sondern sie ersetzen auch das Besteck. Mit Tschapattistückchen nimmt der Inder seine Speise auf und löffelt damit auch die Soße.

In Indien wird – außer in exklusiven Restaurants – nur mit den Fingern gegessen, Bestecke werden nicht benutzt, höchstens findet man in den kleineren Restaurants einen Löffel, mit dem man die Speisen aus dem Topf auf den Teller befördert.

Die Etikette verbietet es, mit der linken Hand zu essen. Diese ist für „Schmutzarbeiten" zuständig, insbesondere zur Reinigung bei Toilettenangelegenheiten. Ein nicht zu verzeihender Fauxpas ist es daher, die linke Hand beim Essen oder zum Händeschütteln zu verwenden.

Wie ißt man ohne Besteck?
1. Mit Tschapattis:
Man nimmt ein Stück Tschapatti und legt es über den gestreckten Daumen und Mittelfinger, die Handfläche weist nach unten. Mit dem Zeigefinger drückt man in der Mitte eine Kuhle hinein. Damit löffelt man nun den Reis, die Soße oder das Gemüse auf, und befördert es in den Mund.
2. Ohne Tschapattis:
Ohne die Hilfe des Ersatzbesteckes Tschapatti wird es für den Europäer schon etwas schwieriger, die Speise in den Mund zu führen. Aber auch für das Essen mit den Fingern gibt es in Indien durchaus eine Art „Knigge"-Regel.
„Curries", Reis oder andere Gerichte werden mit den Fingerspitzen aller fünf Finger zu einem mundgerechten Happen geformt. Dieses Häufchen wird mit den fünf Fingerspitzen aufgenommen und auf den Endgliedern des Zeige-, Mittel-, Ring- und kleinen Fingers deponiert. So wird es an den Mund geführt. Kurz vor dem Mund wird die Handfläche nach oben gedreht und der Happen mit dem Daumen in den Mund geschoben. Diese Prozedur bedarf einer gewissen Übung, aber man beherrscht sie sehr bald.
In vielen Restaurants wird vor und nach dem Essen ein Schälchen mit Wasser gereicht, so daß man sich immer wieder während des Essens und nach dem Essen die Finger waschen kann.
Die indische Küche verwertet auch vielfach Früchte zu Curries,

also zu einer Hauptmahlzeit. Der Obstreichtum Indiens ist sprichwörtlich, es gibt alleine über 15 Bananensorten.
Zum Schluß noch einige Anmerkungen zum indischen „Curry“. Das Wort „Curry“ ist eine phonetische Mißinterpretation, die von den Briten nach Europa gebracht wurde. Das tamilische Wort „kari“ (Tunke) soll der Ursprung für diese Bezeichung gewesen sein. Oft wird das Wort synonym für alle indischen Gerichte gebraucht, manchmal für Speisen, die mit einer typischen Soße zubereitet sind, manchmal aber auch nur für das bei uns bekannte „Currygewürz“.
Ein „Currygewürz“ schlechthin gibt es jedoch in Indien nicht. Vielmehr handelt es sich hierbei um eine Zusammenstellung verschiedener Gewürze, die – jeweils individuell abgestimmt – immer wieder anders schmeckt. Jede Hausfrau, jeder Koch verwendet eine eigene, typische Curry-Gewürzmischung, deren Zusammensetzung wie ein Geheimnis gehütet wird. (Mehr dazu im Kapitel „Gewürze“.)

Das Tandoor

Mit „tandoor“ wird in Indien gemeinhin der einfache, gemauerte Ofen bezeichnet, in oder auf dem zu Hause, im Restaurant oder in den Straßenküchen gekocht wird. „Tandoor“ heißt aber auch ein bekanntes Restaurant in New Dehli – und soviel ich auch in den Straßenküchen über die indischen Kochkünste hatte lernen können, im „Tandoor“ erfuhren alle meine bisherigen kulinarischen Kenntnisse ihre Krönung.
Unser Besuch eines so „feinen“ Restaurants wie dem „Tandoor“ entsprang – nachdem wir bisher ausschließlich die üblichen Curry-, Dhal- und Reisgerichte der kleinen Garküchen genossen hatten – einem unwiderstehlichen „Luxusbedürfnis“.

Endlich noch einmal so richtig mit allem Drum und Dran schlemmen. Wir wurden nicht enttäuscht: Aus einer riesigen, uns bisher unbekannten Palette an indischen Leckereien bekamen wir die köstlichsten Spezialitäten aus allen Teilen des Landes vorgesetzt. Und obwohl – angesichts unseres knappen Reisebudgets – die „Tandoor"-Expedition eine einmalige Episode bleiben sollte, wurden wir doch später immer wieder von dieser einmaligen Welt des Speisens angezogen. Hier lernte ich zum einen die vielseitige und reichhaltige indische Küche von ihrer besonders guten Seite kennen, und zum anderen kam ich in die glückliche Situation, von kompetentester Seite in die Geheimnisse ausgefeilter Kochkunst eingewiesen zu werden. Nicht nur durch die Unterhaltungen mit Koch und Ober habe ich enorm viel lernen können, als besonders hilfreich erwies sich vielmehr die Glaswand, die den Speiseraum von der Küche abtrennte. Durch diesen architektonischen Gag konnte man die Kreation des bestellten Gerichts praktisch vom ersten Zwiebelschnitt an verfolgen. So erwiesen sich die Besuche des „Tandoors" für uns als Nobelverköstigung mit integriertem Kochkurs.

Gewürze

Indien ist bekannt für seine Vielfalt an Gewürzen. Die indische Hausfrau kann aus einer einzigen Hauptzutat, z.B. Erbsen oder Kartoffeln, einen hervorragenden Curry zaubern, dem sie durch die Vielfalt aufeinander abgestimmter Gewürze seine ganz besondere Note gibt. Leider kann man hierzulande längst nicht alle indischen Gewürze bekommen, doch auch mit wenigen, ausgewählten Gewürzen lassen sich typische indische Gerichte zaubern. Ich habe bei den Rezepten in diesem Buch

darauf geachtet, nur Gewürze zu verwenden, die auch bei uns erhältlich sind.
Eines der Geheimnisse indischer Würzkunst ist – neben den raffinierten Kombinationen – das Anbraten der Gewürze. Dabei werden die ätherischen Öle frei, und das Aroma kann sich erst so richtig entfalten.

Indische Gewürze, ihrer Bedeutung nach geordnet:
Koriander (coriander)
Kreuzkümmel (cumin)
Chilipulver (chili powder)
Ingwer (ginger)
Turmeric (turmeric); wird in Deutschland oft als Kurkuma oder Gelbwurz bezeichnet.
Kardamom (cardamom)
Garam Masala (garam masala)
Senfkörner (mustard seeds)
Korianderblätter (coriander leaves)
Currypulver (curry powder)
Die englischen Namen der Gewürze habe ich in Klammern angegeben, denn in vielen Ländern sind sie nur unter diesen Namen bekannt und erhältlich. Auch in Indien werden die englischen neben den muttersprachlichen Begriffen verwendet.
Nicht nur diese Gewürze gehören zu den Basisgewürzen der indischen Küche, sondern auch solche, die bei uns zur täglichen Küche gehören wie Nelken, Muskatnuß, Muskatblüte, Pfeffer, Zimt, Knoblauch, Lorbeerblätter und natürlich Salz.

Koriander
Koriander kann man als Samen oder Pulver kaufen. Die Samen geben einen intensiveren Geschmack. Man brät sie zwei Minu-

ten unter ständigem Rühren in Öl. Leider sind Koriandersamen in Deutschland sehr schwer zu bekommen, und so habe ich in den Rezepten stets Korianderpulver angegeben.

Kreuzkümmel
Was für Koriander gilt, gilt auch für Kreuzkümmel, d.h. man kann Samen oder Pulver benutzen. Die Samen werden angebraten.
Beide, Kreuzkümmel- und Korianderpulver, wirken ausgezeichnet als Verdickungsmittel für Soßen. Deswegen braucht man bei Gerichten, in denen Kreuzkümmel oder Koriander verwendet werden, kein Mehl zum Andicken.

Chilipulver und ganze Chilischoten
Es gibt viele verschiedene Chilisorten, von jeweils unterschiedlicher Schärfe. Man wird keine Probleme haben, Chilipulver zu bekommen. In großen Kaufhäusern und Feinkostläden werden auch ganze Chilischoten angeboten, die man dann zu Hause zerreiben muß. Ich habe bei den Rezepten nur Chilipulver angegeben, weil man sich so eine Menge Arbeit sparen kann. Auch läßt sich das Pulver leichter dosieren, so daß man ein Gericht ganz nach individuellem Geschmack mehr oder weniger scharf zubereiten kann.
Chilies enthalten Vitamin C und werden außerdem in tropischen Ländern gerne benutzt, weil sie durch ihre Schärfe zum Schwitzen anregen.
Falls man Chilischoten verwendet, muß man sie vorbereiten (siehe „Tips – Kokosraspeln zu Paste verarbeiten“).

Ingwer
Die Ingwerwurzel wird schon lange im medizinischen Bereich verwendet. Man kann die frische Wurzel oder das Pulver bei

uns problemlos bekommen. Die Wurzel wird geschält, kleingeschnitten und dann im Mörser oder in der Küchenmaschine zermahlen, bevor man sie zum Kochen benutzen kann. Das Aroma der frischen Wurzeln ist stärker und besser als das von handelsüblichem Ingwerpulver, doch wurde der Einfachheit halber bei den Rezepten stets Pulver angegeben.

Turmeric (Gelbwurz, Kurkuma)
Turmeric ist eine Wurzel, die den Speisen eine gelbe Farbe verleiht. Außerdem hat Turmeric einen intensiven Geschmack, daher sollte man nie zuviel benutzen und genau dosieren. Man kann es an Stelle von Safran nehmen, da es billiger ist. Beim Anbraten von Turmeric ist Sorgfalt geboten, denn das Gewürz brennt leicht an und entwickelt dann einen bitteren Geschmack. Deswegen sollte man etwas Flüssigkeit zugeben, bevor der Turmeric zu heiß wird.

Kardamom
Es gibt Kardamom in Pulverform, das natürlich leichter zu verwenden ist, aber auch als Samen. Diese Samen werden, wie es in den Rezepten jeweils angegeben ist, entweder mit der Hülse benutzt, z.B. bei der Zubereitung des indischen Tees, oder aus der Hülse genommen und leicht zerdrückt, um dann in einem Gericht verwendet zu werden.

Garam Masala
Garam Masala bedeutet so viel wie „Wärme spendendes Gewürz“, denn die in dieser Mischung enthaltenen Gewürze geben dem Körper Wärme. Garam Masala ist hierzulande oft nicht erhältlich, aber es ist sehr einfach selbst zusammenzustellen. In vielen Rezepten kann man es auch weglassen, ohne den typischen Geschmack wesentlich zu beeinflussen.

Hier ist die Anleitungzum Selbermachen:
4 Teel. Kreuzkümmel
1 Teel. Kardamompulver
1 Teel. Zimt
1 Teel. Nelkenpulver
1 Teel. Muskat
1 Teel. schwarzer Pfeffer
Diese ist nur eine Version für Garam Masala, es gibt viele verschiedene Variationen für Garam Masala.

Senfkörner
Senfkörner sind die Samen des Senfkrauts. Es gibt gelbe, schwarze und braune Senfkörner, die man alle verwenden kann. Bei uns kommen am häufigsten die gelben Senfkörner vor. Das volle Aroma der Samen entwickelt sich erst beim Anbraten oder wenn man sie zerdrückt mitkochen läßt. Senfkörner enthalten viel Vitamin D.

Korianderblätter
In Indien wird nur frischer Koriander verwendet. Man kann alle Teile dieser Pflanze verwerten. Die Samen haben einen ganz anderen Geschmack als die Blätter. Aus den Samen wird das gemahlene Korianderpulver, welches ich fast ausschließlich benutze, gewonnen. Die frischen Blätter werden sehr häufig als Garnierung benutzt. Leider erhält man bei uns nur das getrocknete Gewürz und das sehr selten, und es ist sehr teuer. Die einzige Firma, die ich kenne, die in Deutschland Korianderblätter verkauft, ist „Spice Islands".
Das Gewürz ist auch unter dem Namen „Cilantro" (spanisch) bekannt. Es heißt oft, daß man frische Petersilie als Ersatz nehmen kann, doch hat diese nicht denselben Geschmack. Weil man Koriander so schwer bekommt, habe ich es sehr selten in

meine Rezepte aufgenommen, wer dieses Gewürz jedoch besitzt, kann es auch für andere Rezepte nehmen (1–2 Teel. pro Rezept).

Currypulver
Wie schon erwähnt, ist Currypulver kein typisches indisches Gewürz – kein Inder benutzt *das* Currypulver schlechthin, das gibt es dort nicht. Es ist einfach eine Zusammenstellung verschiedener Gewürze, die von Küche zu Küche variiert. Für uns ist das handelsübliche Currypulver allerdings als Ergänzung zu anderen Gewürzen recht nützlich. Ich habe es vor allem als Ersatz für „Curry-Blätter“ angegeben, welche die Inder in ihren Gerichten viel verwenden, die bei uns jedoch nicht angeboten werden.
Currypulver ist oft eine gute Ergänzung, es soll eben nur nicht ausschließlich benutzt werden.

Tips rund um die indische Küche

Andicken der Gerichte

Gerichte mit Mehl anzudicken, gibt es in der indischen Küche nicht. Durch die beigegebenen Gewürze werden die Gerichte schon während des Kochens angedickt, und man braucht dafür kein Mehl mehr. Man benutzt gelegentlich Speisestärke zum Andicken von Desserts.

Auberginen

Auberginen lassen sich am besten folgendermaßen bearbeiten. Die Schale wird nicht entfernt und die Auberginen in 1/2 cm dicke Scheiben geschnitten. Von beiden Seiten werden die Scheiben mit Salz bestreut und 1/2 bis 1 Stunde auf saugfähigem Küchenpapier liegen gelassen. In dieser Zeit tritt ein Großteil der Flüssigkeit aus. Die Wasserperlen tupft man mit einem Papiertuch ab. Jetzt sind die Auberginen zum Braten und Backen fertig. Durch das Salz wird ein Teil des Wassers schon vor dem Braten herausgesaugt, die Poren schließen sich und so wird verhindert, daß die Auberginen zuviel Fett aufnehmen.

Beilagen

Als Beilage zu fast allen Gerichten eignen sich am besten Reis und Tschapattis; wenn das Gericht jedoch kein Chilipulver enthält, d.h. nicht scharf ist, kann man auch Kartoffeln dazu servieren. Dies ist zwar dann nicht typisch indisch, sondern eine europäisierte Version.

Dhal

Kein indisches Kochbuch wäre komplett ohne seine Dhalgerichte. Dhal (Dal, Daal oder Dhall) sind verschiedene Linsensorten. Es gibt in Indien sehr viele verschiedene Zubereitungsarten und Dhalsorten, die man bei uns nicht kaufen kann. Ich habe deswegen nur Rezepte ausgewählt für Dhalsorten, die man bei uns bekommen kann.

Flüssigkeitsverlust
Man kocht Curries jeder Art (wenn nichts anderes erwähnt ist) in einem bedeckten Topf oder einer bedeckten Pfanne, um den Flüssigkeitsverlust gering zu halten.

Garzeiten
Garzeiten werden nur erwähnt, wenn das Gericht mehr als eine halbe Stunde braucht. Alle übrigen Gerichte sind innerhalb dieser Zeitspanne zuzubereiten.

Gewürze ganz oder in Pulverform?
Es ist einfacher, die benötigten Gewürze gleich in Pulverform zu kaufen, sonst muß man sie vorbereiten. Wer einen Mörser hat, kann natürlich Kleingewürze wie etwa Kreuzkümmel darin zerstoßen. Dies gilt auch für frischen Ingwer, der vorher noch kleingeschnitten werden muß.

Ghee
Ghee ist „clarified butter" (gereinigte, geklarte Butter, siehe unten).
Für die Inder ist Ghee das beste Bratfett. Es wird allerdings nicht so häufig verwendet, da es sehr teuer ist. Man nimmt an seiner Stelle Pflanzenöl, z.B. Kokosnußöl, Senföl, Sesamöl, Erdnußöl oder Sonnenblumenöl, je nachdem welche Landesküche vorliegt.
Ghee, aus Butter gemacht, ist für den Inder jedoch das hochwertigste Fett. Ghee aus Butter gewinnt man folgendermaßen:

Butter in einen Topf geben, erhitzen und schmelzen. Der milchige Schaum wird abgeschöpft. Wenn alles abgechöpft ist, ist die Butter klar. Jetzt kocht man sie kurz (etwa 1/2 Minute) auf, und der Ghee ist fertig. Man füllt den Ghee in ein Gefäß und paßt dabei auf, daß man nicht den Satz, der sich auf dem Boden des Gefäßes abgesetzt hat, mit ins Gefäß füllt. Den klaren Ghee stellt man nun kalt, am besten im Kühlschrank, bis er fest geworden ist.

Knoblauch
Knoblauch kann man mit der Gabel zerdrücken, wenn man keine Presse und keinen Mörser hat.

Kokosmilch gewinnen
1 Tasse Kokosraspeln und 2 Tassen kochendheißes Wasser. Wasser über die Kokosraspeln gießen und 1/2 Stunde stehen lassen. Dann durch ein dünnes Baumwolltuch pressen oder, wenn man keines hat, einfach mit den Händen ausdrücken. So erhält man Kokosmilch. Falls man eine frische Kokosnuß hat, das Fleisch aus der Schale schaben und raspeln und dann wie oben vorgehen.

Kokosraspeln zu Paste verarbeiten
Man legt die Kokosraspeln (nicht zu viele auf einmal) auf ein Holzbrett, feuchtet sie mit Wasser an und rollt mit einer Teigrolle darüber, bis sie ganz platt sind und fast einen Brei ergeben.

Obstcurries
Obstcurries werden normalerweise mit anderen Curries oder auch mit Reis oder Tschapattis zusammen serviert.

Okra (Ladies' fingers)
Da man dieses Gemüse hier vielfach gar nicht kennt, es aber mittlerweile in großen Kaufhäusern erhältlich ist, möchte ich kurz erklären, wie man es vorbereitet. Man entfernt das stumpfe Ende und schneidet das Gemüse in Scheiben, wie Möhren. Dann wird es gekocht oder gebraten.

Pulver
Bei allen angegebenen Gewürzen ist Gewürzpulver gemeint (wenn nichts anderes erwähnt wurde). Man kann natürlich auch Samen nehmen, was aber mehr Vorarbeit bedeutet, da man diese erst zu einer Paste verarbeiten muß.

Schälen
Wenn nicht anders angegeben, sollen alle Zutaten wie Kartoffeln oder Obst geschält verwendet werden. Die einzige Ausnahme bilden Auberginen (→ „Tips – Auberginen").

Schärfe
Es ist ein Irrtum zu glauben, daß alle indischen Gerichte sehr scharf sind. Es gibt alle möglichen Geschmacksrichtungen von mild über würzig bis zu scharf und feuerscharf. Viele Gerichte enthalten z.B. gar keine Chilies.
Wer lieber weniger scharf ißt, muß nicht auf indische Gerichte verzichten. Bei jedem Rezept kann auf das die Schärfe gebende Gewürz verzichtet oder dessen Anteil verringert werden, das beeinträchtigt den typischen Geschmack des Gerichtes nicht.

Senfkörner knacken
Fett in einer Bratpfanne stark erhitzen und Senfkörner hineingeben. Man muß die Körner ständig beobachten, da sie leicht

aus der Pfanne springen und schnell anbrennen. Nach 1 – 2 Minuten sind sie fertig. Sie dürfen nicht schwarz aussehen, dann sind sie verbrannt und entwickeln einen bitteren Geschmack.

Sirup zubereiten
1/2 Tasse brauner Zucker und 1/2 Tasse Wasser werden zusammen etwa 10 Minuten aufgekocht. Wenn die Flüssigkeit erkaltet ist, hat sie die Konsistenz von Sirup und kann so für die angegebenen Rezepte benutzt werden.

Tomaten
Tomaten können mit der Haut benutzt, d.h. gebraten oder gekocht werden. Wer das nicht mag, lege die Tomaten, nachdem man sie am Stielansatz kreuzweise eingeschnitten hat, kurz in sehr heißes Wasser, dann läßt sich die Haut ohne große Mühe abschälen.

Zerkleinern
Durch besonders feines Kleinschneiden erspart man sich Kochzeit.

Indische Kochstellen

Karhai (Karahi, Kurhai)
Das Karhai ist ähnlich dem chinesischen „wok", allerdings ist es schwerer und oft aus Gußeisen. Wenn man einen „wok" hat, kann man diesen zum indischen Kochen verwenden, wenn nicht, kann auch eine Friteuse oder ein möglichst schwerer Eisentopf, worin die Speisen in Fett schwimmend ausgebakken werden können, verwendet werden.

Tava
Der Tava ist eine Platte aus Eisen mit gewölbten Seiten. Ideal zur Herstellung von Parathas (dunkles Brot), weil der Tava die Hitze so gut speichert und verteilt. Als Ersatz kann man durchaus eine Bratpfanne nehmen, am besten eignen sich Eisenpfannen.

Tandoor
Der Tandoor, der typisch indische Ofen, ist ein trichterförmiger, bauchiger Lehmofen, der mit Kohle oder Holz betrieben wird. Es werden Brot, Fisch, Fleisch und Dhalgerichte darin und darauf gegart. Ersatzweise lassen sich Tandoori-Gerichte auch auf dem (Holzkohle-)Grill zubereiten.

Indische Getränke

Arrak
Arrak ist ein Schnaps, der aus Reis oder Palmensaft hergestellt wird. Arrak wird auch in anderen Ländern wie Java, Thailand und Sri Lanka getrunken.

Bier
Bier ist von den Engländern eingeführt worden und somit kein ursprünglich indisches Getränk. Es wird aber jetzt immer häufiger getrunken.

Lassi
Lassi ist ein sehr beliebtes Getränk, das aus Joghurt bereitet wird (siehe Rezepte). Es wird kalt getrunken und ist sehr erfrischend.

Säfte
In einem Land, das so reich an tropischen Früchten ist wie Indien, sind Obstsäfte ein ganz typisches Getränk. Leckere Säfte gibt es in Hülle und Fülle, etwa aus Mangos, Papayas etc.

Shurbut
Bevor der Tee das meist verbreitete Getränk Indiens wurde, nahm der Shurbut die erste Stelle unter den Getränken ein. Shurbut ist mit kaltem Wasser oder auch mit heißer Milch vermischter Obstsaft.

Tee
Erst Anfang des letzten Jahrhunderts wurde in Indien durch die Engländer der Tee verbreitet. Heute zählt er zu den beliebtesten Getränken in Indien und sicher eines der meist getrunkenen. Der Tee wird ganz anders als bei uns zubereitet. Er wird fast nur mit Milch „gebraut" und auch mit Gewürzen (siehe Rezept) und duftet verlockend.

Toddy
Toddy ist ein alkoholisches Getränk, das aus dem Saft der Palmen hergestellt wird.

Indische Speisekarte

Hauptgerichte und Beilagen

Die mit * gekennzeichneten Gerichte sind als Rezepte in diesem Buch angegeben.

Bakher Khani	eine Art Tschapatti (Fladenbrot) aus Mehl, Milch, Eiern und Joghurt
Bhatoova	ähnlich einem Papadom (Gemüseteigfladen), nur dünn und aufgeblasen wie ein Ball
Boti Kebab	Hammelfleisch in Joghurt mariniert und im Tandoor gebacken
Brinjal Ambal	scharfes Auberginengericht
Chicken Biryani	würziges Hähnchen- und Reisgericht
*Chicken Masala	Hähnchen in einer cremigen, scharfen Soße
*Chicken Moghlai	aromatisches Hähnchengericht, nicht scharf
*Chicken Vindaloo	Hähnchen mit Kartoffeln in einer würzigen Soße
*Dhal	Hülsenfrüchte, die raffiniert gewürzt als eine Art Brei zubereitet werden
Dahi Balla	würzige schwarze Bohnen mit Kartoffelstücken
*Fish Koftas	knusprige, würzige Fischbällchen
Kabli Naan	ein süßlicher Naan (Hefebrot)
Keema Naan	Naan (Hefebrot) mit Fleisch bedeckt
Khurmee	wie Naan (Hefebrot), nur mit Knoblauch und Tomaten gebacken, ähnlich einer Pizza

Kulcha	Zutaten wie bei Naan (Hefebrot), jedoch gefüllt und von anderer Form
Lamb Korma	Lammfleisch in einer cremigen Soße angemacht
Maki Roti	Gewürzbrot
Malai Kofta	Gemüseballchen in Currysoße
Mutton Patiala	Hammelfleisch mit Ingwer in einer Gewürzsoße
*Naan	indisches Hefebrot
*Pakeeza Chicken	Hähnchen in einer kräftigen Kokosnuß- und Mandelsoße
*Paneer	eine Art Schichtkäse
*Paneer Korma	Paneer in Stücke geschnitten und in einer cremigen Soße angemacht
Papadom	ein hauchdünner, gewürzter und knusprig gebratener Teig aus Hülsenfrüchten
*Paratha	Brotvariation (Parathas werden auch mit Käse und anderen Zutaten serviert
*Poori	eine in reichlich Fett ausgebackene, knusprige Teigtasche
Prawn Pullao	ein gut gewürztes Krabben- und Reisgericht
*Rogan Gosh	Hammel-Curry in kräftiger Soße
*Samosas	Teigtaschen mit Fleisch oder Kartoffeln gefüllt
Sarson Sag	pürierter und in Butter und Hing gebratener Spinat (Hing ist ein indisches Gewürz, das man bei uns leider nicht bekommt)
Tikka Kebab	im Tandoor gebackener würziger Fisch am Spieß
Tschapatti	das am häufigsten gegessene Fladenbrot

Vegetable Biryani	Reis und gemischtes Gemüse, scharf und würzig
*Vegetable Jai Puri	verschiedene Gemüse, die mild gewürzt sind

Süßspeisen

*Gulab Jamun	süße Milchbällchen
*Halva	Dessert aus Obst oder Gemüse, mit Zucker und Gewürzen gekocht, bis eine feste Masse entsteht (sehr süß)
*Kheer	süßes Reis- und Milch-Dessert
*Kulfi	indische Eiscreme
*Malpura	indischer Pfannkuchen in Sirup
*Mango Payasam	Dessert aus Milch oder Kokosmilch und diversen Obstsorten

Nächtlicher Besuch

Kurz hinter der Stadt Belgaum suchten wir einen Übernachtungsplatz auf dem Lande. Es war schon dunkel, und der Feldweg sehr uneben. Weit und breit war kein Dorf zu sehen und keine Menschenseele schien sich hier aufzuhalten. Wir ruhten uns noch ein Weilchen im Inneren des Wagens aus, über den vergangenen Tag und die Fahrtstrapazen reflektierend. Die Schiebetür war geöffnet, um die Abendbrise ins Wageninnere zu lassen. Davor blähte sich das Moskitonetz, uns vor widrigem Ungeziefer schützend. Gerade wollte ich mich aufrichten, um die Bettstatt mit dem üblichen kurzen Umklappmanöver herzurichten, als mir plötzlich der Atem stockte. Ein Geist!

Das Moskitonetz zeigte plötzlich eine Beule, die sich von außen nach innen wölbte und spontan die Assoziation mit einem Geist hervorrief, der sich da von außen nach innen hereinmachen wollte. Als sich die Beule im Moskitonetz bewegte, erkannte ich, daß es sich nicht um einen „richtigen" Geist handeln konnte. Da mußte es Körper und Beine geben. Zwei Hände verursachten zwei weitere Beulen. Der Vorhang wurde plötzlich zur Seite geschoben, und die beiden Hände formten sich zu einer Pyramide, die sich ständig vom Mund weg und wieder zurück bewegte. Ein Inder aus Fleisch und Blut, doch wirkte er auf uns wie eine Erscheinung.

Wir saßen beide da wie zwei Schulkinder an ihren Schulbänken, denn wir wußten nicht so recht, was wir machen und wie wir reagieren sollten – die Zeichensprache unseres nächtlichen Besuchers war uns unverständlich. Er war auch offensichtlich der englischen Sprache nicht mächtig, und wir sprachen die seine nicht. Nun erschien auch noch ein Fuß im Wageninneren, und plötzlich griff die Gestalt mit einer Hand in unser Obstnetz, das mit Bananen gefüllt am Eingang hing. „Aha", dachte ich und setzte eine strafende, unwirsche Miene auf. Doch der Inder wollte die Banane gar nicht für sich, er hielt sie erst meinem Mann, dann mir unter die Nase. Wir verstanden nun überhaupt nichts mehr. Erst nahm er uns eine Banane weg, und dann hielt er sie uns als Geschenk hin?! Sein Gestikulationsmonolog nahm immer verwirrendere Formen an, denn er griff mit immer größerem Nachdruck in unseren Bananenvorrat und bot dann die erbarmungswürdigen Früchte, die bald zerquetscht und zermatscht zwischen seinen Fingern herunterrannen, uns an.

Schließlich nahm jeder von uns eine der Früchte; ein erleichterter Gesichtsausdruck erhellte augenblicklich des Inders Antlitz. Wir hatten etwas richtig gemacht. Der Inder begann nun, seinerseits eine Banane – oder was noch davon übrig war – zu schälen. Dann wartete er wieder. Ich ahnte zwar, daß er sie essen wollte, aber er harrte aus und sah uns erwartungsvoll an. Mir war der Appetit auf Bananen gänzlich vergangen. So aß keiner etwas, weil einer unerklärlicherweise nicht essen wollte, und die beiden anderen wegen der Unappetitlichkeit des Gereichten nicht essen konnten.

Erst allmählich gelang es dem Inder, uns mit Mühe und unendlicher Geduld klarzumachen, daß der Gast nur essen darf, wenn der Gastgeber auch ißt. Wir wurden gelöster und zwangen uns, eine der Früchte zu verspeisen. Das Gesicht des ungebetenen Gastes erhellte sich, und er begann nun seinerseits, friedlich zu essen. Anschließend empfahl er sich, die Hände in Pyramidenform vor sein Gesicht haltend, mit einem freundlichen Lächeln.

Indische Brotsorten

Tschapatti (Indisches Fladenbrot)

Tschapatti ist *das* indische Brot schlechthin. Den Indern dienen Tschapttis auch als Besteckersatz. Sie sind einfach zuzubereiten. An einmen Wochenende in Deutschland habe ich einmal, als das Brot ausgegangen war, ein ganzes Zeltlager mit hungrigen Kindern mit Tschapattis versorgt.

Zutaten
150 g Mehl (spezielles Tschapattimehl oder eine Mischung aus dunklem und weißem Mehl. Man kann notfalls auch dunkles oder weißes Mehl alleine nehmen, gemischtes Mehl läßt sich jedoch leichter verarbeiten).
Wasser
1/2 Teel. Salz

Zubereitung
Mehl und Salz vermischen, Wasser langsam hineingeben, bis man einen weichen Teig hat. 1/2 Stunde stehenlassen. Den Teig dünn ausrollen. Bratpfanne ohne Fett erhitzen, bis sie sehr heiß ist. Tschapatti-Teig etwa 1/2 Minute hineinlegen, nicht anbrennen lassen. Dann mit einem Tuch (trocken und zusammengeballt) überall gleichmäßig andrücken, den Fladen umdrehen und den Prozeß wiederholen. Beim Drücken sollen Blasen entstehen, wenn das nicht der Fall ist, ist die Pfanne nicht heiß genug oder die Tschapattis waren nicht lang genug drin. Ehe sie ganz gar sind, noch einmal umdrehen.
Ergibt ca. 5 Tschapattis.

Pooris

Pooris ähneln Tschapattis (siehe voriges Rezept). Sie werden allerdings in Fett schwimmend gebacken und als Beilage serviert.

Zutaten
100 g Mehl (am besten ist eine Mischung aus weißem und dunklem Mehl)
Wasser
Fett zum Braten

Zubereitung
Mehl sieben. Wasser hinzufügen und einen festen Teig kneten. Teig etwa 1/2 Stunde stehenlassen. Kleine Bällchen formen und so dünn wie möglich ausrollen. Fett sehr heiß werden lassen. Ein Poori hineingeben und in Fett schwimmen lassen. Leicht andrücken, bis der Poori Blasen bekommt, dann umdrehen und wieder leicht andrücken, bis eine große Blase entsteht. Herausnehmen und abtropfen lassen. Wiederholen, bis der Teig aufgebraucht ist.
Ergibt 6 bis 7 Pooris.

Naan (Indisches Hefebrot)

Ein indisches Brot, das mit Hefe gemacht wird und unseren „Weckmännern" gleicht, aber nicht süß ist. Naan erfordert viel Geduld und Zeit, wie alle Hefebackwaren. In Indien wird es sehr häufig gegessen.

Zutaten
250 g Mehl
1 Ei
2 Teel. Zucker
Hefe für 250 g Mehl
2 Eßl. Öl
4 Eßl. Joghurt
Milch

Zubereitung
Mehl durchsieben, in eine große Schüssel geben und mit der Faust in der Mitte eine Kuhle eindrücken. Hefe hineinbröckeln und 2 Teel. Zucker darüberstreuen. Dann etwa 2 1/2 Eßl. warme Milch darübergießen und verrühren. Anschließend mit ein wenig Mehl bestreuen. An einen warmen Platz stellen, zudekken und 1/2 Stunde gehen lassen. Wenn die Hefe Bläschen bekommt und das Mehl rissig wird, die restlichen Zutaten hineinmischen und genug warme Milch dazugeben, um einen weichen Teig zu kneten. 10 Minuten lang kneten, dann wieder an einen warmen Platz stellen (bei Hefeteig ist es wichtig, daß er keinen Zug bekommt) und etwa 2 bis 3 Stunden gehen lassen. Das Teigvolumen verdoppelt sich in dieser Zeit. Erneut 2 bis 3 Minuten kneten. Teig etwa 1 cm dick ausrollen und in 6 Naans teilen. Noch einmal 15 Minuten gehen lassen. Eine Form einfet-

ten und den Grill erhitzen. Die Naans darauflegen und von beiden Seiten 2 Minuten unter dem Grill bräunen.
Ergibt ca. 6 Naans.

Garzeit: 4 Minuten
Vorbereitungszeit: 3 Stunden 45 Minuten

Keine Seltenheit in Goa: christliche Kirche

Samosa

Eine Pastete mit würziger Kartoffelfüllung, die in schwimmendem Fett gebraten wird.

Zutaten Teig
100 g dunkles Mehl
100 g weißes Mehl
1 Eßl. Öl
etwa 1/4 Tasse Wasser
Salz
Öl zum Bestreichen

Zutaten Füllung
200 g Kartoffeln – gekocht und kleingeschnitten
2 Zwiebeln – geschnitten
2 Teel. Kreuzkümmel
2 Teel. Koriander
1 Teel. Turmeric
3 Teel. Chilipulver

Zubereitung
Öl und Mehl vermischen. Warmes Wasser langsam dazugeben, um einen festen Teig zu erhalten. 5 Minuten kneten. Bällchen formen, etwa so groß wie Walnüsse. Mit Öl bestreichen und mit einem feuchten Tuch bedecken. Etwa 1/2 Stunde stehenlassen. Ein Brett bemehlen, darauf jedes Bällchen flach ausrollen, bis es etwa 8–10 cm Durchmesser hat.
Für die Füllung: Zwiebeln anbraten, Gewürze dazugeben und kurz braten. Unter ständigem Rühren die Kartoffeln zugeben und, ebenfalls unter ständigem Rühren, anbraten.

Möhren-Vadai (S. 151) ▶

Etwas Füllung auf die Teigfladen geben, die Ränder mit Wasser anfeuchten, dann die Samosa überklappen und die Ränder zusammendrücken. Jetzt hat man eine Dreiecksform. In schwimmendem Fett 2 bis 3 Minuten goldbraun braten.
Ergibt 11 bis 12 Samosas.

Vorbereitungszeit: einschließlich Kartoffelkochen 1 Stunde 15 Minuten

Paratha (Vollkornfladenbrot)

Eine leckere Variation zu Tschapattis – die Zubereitung dauert aber bedeutend länger.

Zutaten
2 Tassen Vollkornmehl
Wasser, um einen festen Teig zu erhalten
1 Teel. Salz
Butter zum Bestreichen

Zubereitung
Mehl und Salz vermischen. Wasser hinzugeben, bis man einen festen Teig hat. 10 Minuten durchkneten. Einen Ball formen. Dann 1/2 Stunde stehenlassen und mit einem feuchten Tuch bedecken. Nochmals 1 Minute durchkneten und etwa 8 Bällchen formen. Jedes Bällchen dünn ausrollen und mit Butter bestreichen. In der Mitte übereinanderklappen. Wieder mit Butter bestreichen, übereinanderklappen und dünn ausrollen. Bratpfanne mit Butter erhitzen, darin die Parathas von beiden Seiten goldbraun backen. Sie sollen sofort serviert werden.
Ergibt ca. 8 Parathas.

Eiergerichte

Pancake Indian Style
(Pfannkuchen auf indische Art)

Dieser locker-leichte Pfannkuchen mit der würzigen Fleisch-Obstmischung als Füllung ist eine indische Variation, die Pfannkuchenfreunde begeistern wird.

Zutaten Teig
125 g Mehl
2 Eier
1/4 l Milch
Salz

Zutaten Füllung
1 Banane – geschnitten
1 kleine Dose Mandarinen (ohne Saft)
1 großes Würstchen (oder 1 Tasse Hähnchenfleisch)
2 Zwiebeln – geschnitten
4 Eßl. Mandeln – geschnitten
2 Teel. Currypulver
2 Teel. Koriander
2 Teel. Kreuzkümmel
Salz

Zubereitung Pfannkuchen
Salz und Mehl vermischen. Dann die Eier hineinschlagen, die Milch langsam dazugeben und alles gut durchschlagen. Etwa

 Mango-Curry (S. 144) ▶

1/2 Stunde stehenlassen. Pfannkuchen wie üblich zubereiten: Etwas Teig in eine Pfanne mit heißem Fett geben, die Pfanne hin- und herschwenken, bis die Mischung gleichmäßig auf dem Boden verteilt ist und die untere Seite hellbraun backen lassen, dann umdrehen und die Prozedur mit neuem Teig wiederholen.

Zubereitung Füllung
Zwiebeln anbraten, Gewürze dazugeben und alles gut umrühren. Die übrigen Zutaten hineingeben und kurz mitbraten lassen (wenn man Fleisch nimmt, solange braten, bis es gar ist). Dann die Masse auf die einzelnen Pfannkuchen verteilen, umklappen und servieren.
Ergibt 5 Pfannkuchen (für 2 Personen)

Egg Brinjals (Ei und Aubergine)

Auberginen lassen sich mit einer Vielzahl anderer Lebensmittel kombinieren – hier eine Variation mit Eiern.

Zutaten
400 g Auberginen – geschnitten
2 große Zwiebeln – geschnitten
2 große Tomaten – geschnitten
2 Eier
1 Teel. Chilipulver
1/2 Teel. Salz

Zubereitung
Auberginen vorbereiten (siehe „Tips rund um die indische Küche"). Zwiebeln anbraten und dann Tomaten und Auberginen zufügen sowie Chilipulver und Salz. Alles dünsten, bis die Auberginen fast gar sind, 2 geschlagene Eier hineingeben, gut umrühren und das Gericht fertig garen.
Für 2 Personen.

Egg and Tomato Curry
(Ei- und Tomaten-Curry)

Zutaten
2 Eier – hartgekocht
2 Zwiebeln – geschnitten
2 Knoblauchzehen – zerdrückt
2 große Tomaten – geschnitten
1 Eßl. Mandeln – kleingehackt
1 Tasse Milch
2 Teel. Koriander
2 Teel. Kreuzkümmel
2 Teel. Ingwer
Salz

Zubereitung
Zwiebeln anbraten, dann Gewürze zugeben und unter ständigem Rühren kurz mitbraten. Knoblauch und Tomaten hineingeben und alles weiter schmoren lassen. Mandeln und Milch zufügen und noch etwa 10 Minuten garen. Hartgekochte Eier hineingeben und aufwärmen.
Für 2 Personen.

Kebab auf indische Art (S. 77) ▶

Indian Scrambled Eggs (Indisches Rührei)

Diese indische Rühreivariation wird mit Zwiebeln, Tomaten und Gewürzen zubereitet und ist sehr schnell fertig.

Zutaten
5 Eier – geschlagen
1 große Zwiebel – geschnitten
1 Tomate – geschnitten
2 Teel. Kreuzkümmel
2 Teel. Koriander
Salz
Pfeffer

Zubereitung
Zwiebel und Gewürze kurz anbraten. Tomate hineingeben und mitbraten, dabei immer wieder umrühren. Nach 5 Minuten Eier zugeben und unter ständigem Rühren stocken lassen.
Für 2 Personen.

Garzeit: 10 Minuten

Egg and Coconut Pieces (Ei und Kokosraspeln)

Zutaten

4 Eier – hartgekocht
1/2 Tasse Koksraspeln
1 Tasse Erbsen (aus der Dose)
1 große Tomate – geschnitten
2 Knoblauchzehen – zerdrückt
1 Tasse Milch
1 große Zwiebel – geschnitten
2 Teel. Kreuzkümmel
2 Teel. Koriander
1 Teel. Ingwer
1 Teel. Garam Masala
Salz

Zubereitung

Zwiebel, Kokosraspeln und Gewürze unter ständigem Rühren anbraten. Tomate und Knoblauch dazugeben und mitbraten. Erbsen und Milch zufügen und alles einige Minuten garen. Zum Schluß kommen die Eier hinzu. Das Gericht kann serviert werden, wenn die Eier aufgewärmt sind.
Für 2 Personen.

Egg and Potato Curry (Ei- und Kartoffel-Curry)

Zutaten
4 hartgekochte Eier – halbiert
2 große Kartoffeln – gekocht und gewürfelt
2 große Zwiebeln – geschnitten
2 Teel. Koriander
2 Teel. Kreuzkümmel
2 Lorbeerblätter
1 Teel. Chilipulver
1/2 Teel. Ingwer
1 Teel. Garam Masala
Salz
1 Tasse Wasser

Zubereitung
Zwiebeln mit Gewürzen unter ständigem Rühren 2 Minuten anbraten. Kartoffelwürfel und Eier dazugeben, weitere 2 Minuten mitbraten. Ab und zu vorsichtig umrühren, damit die Eier nicht auseinanderbrechen. Nur bei geringer Temperatur arbeiten, damit nichts anbrennt. Zum Schluß Wasser zugeben, und alles noch 10 Minuten weitergaren.
Für 2 Personen.

 Gemischter Gemüsecurry (S. 99) ▶

Egg Speciality (Ei-Spezialität)

Ein gut mit Gewürzen abgestimmtes, schnell zubereitetes und billiges Eiergericht.

Zutaten
4 Eier – hartgekocht
2 große Zwiebeln – geschnitten
4 Knoblauchzehen – zerdrückt
1 Tomate – geschnitten
1/2 Tasse Milch
1/2 Tasse Sahne
1 Teel. Kreuzkümmel
1 Teel. Koriander
2 Lorbeerblätter
4 Nelken
1/2 Teel. Zimt
1/2 Teel. Ingwer
1/4 Teel. Kardamompulver
Salz und Pfeffer

Zubereitung
Zwiebeln anbraten. Knoblauch, Tomate und alle Gewürze hineingeben und unter ständigem Rühren kurz mitbraten. Milch und Sahne zugeben und 5 Minuten kochen lassen. Hartgekochte Eier hineingeben und nochmals erhitzen.
Für 2 Personen.

Indian Omelette (Indisches Omelett)

Dieses indische Omelette ist von lockerer Konsistenz und innerhalb von 10 Minuten fertig.

Zutaten
4 Eier – Eigelb und Eiweiß getrennt
2 kleine Zwiebeln – feingehackt
2 Tomaten – feingehackt
2 frische Pfefferminzblätter – feingehackt (man kann auch Pfefferminztee nehmen)
2 Teel. Koriander
2 Teel. Kreuzkümmel
1 Teel. Ingwer
Salz
Fett zum Braten

Zubereitung
Eiweiß steifschlagen. Eigelb gut durchschlagen. Das Eigelb unter das steifgeschlagene Eiweiß heben. Restliche Zutaten vorsichtig unterheben. 5 Minuten auf jeder Seite braten.
Es ist schwer, das Omelette mit einem Schieber umzudrehen, deswegen besser einen Teller obenauf legen und die Pfanne umdrehen, so daß das Omelette auf den Teller zu liegen kommt, dann läßt man es mit der schon gebratenen Seite nach oben wieder in die Pfanne gleiten.
Für 2 Personen.

Eggs in Joghurt (Eier in Joghurt)

Wenn man noch 2 gekochte Kartoffeln vom Vortag übrig hat, ist dieses Gericht sehr schnell zuzubereiten.

Zutaten
4 Eier – hartgekocht
2 Kartoffeln – gekocht – in Stücke geschnitten
1 große Zwiebel – geschnitten
2 Knoblauchzehen – zerdrückt
1 Becher Joghurt
1/2 Tasse Wasser
1/2 Teel. Ingwer
1/2 Teel. Zimt
1/2 Teel. Turmeric
1 Teel. Garam Masala
2 Teel. Kreuzkümmel
2 Teel. Koriander
2 Lorbeerblätter
Salz

Zubereitung
Eier und Kartoffeln anbraten und beiseite legen. Zwiebeln, Knoblauch und Gewürze unter ständigem Rühren anbraten. Joghurt mit Wasser vermischen, gut durchschlagen und hineinrühren. Kartoffeln und Eier dazugeben und 15 bis 20 Minuten köcheln lassen. 10 Minuten Garzeit reichen für dieses Gericht auch aus, aber je länger man den Joghurt kochen läßt, um so besser wird die Soße.
Für 2 Personen.

Kabeljau in Joghurt-Soße (S. 87) ▶

Egg Curry (Ei-Curry)

Bei diesem Gericht erhält man nur wenig Soße. Servieren Sie es deswegen mit einem anderen Curry zusammen, der viel Soße hat, z.B. mit Gemüse-Curry.

Zutaten
4 hartgekochte Eier
2 große Zwiebeln – geschnitten
2 Knoblauchzehen – zerdrückt
1 Eßl. Kreuzkümmel
1 Tasse Wasser mit dem Saft von 1/2 Zitrone vermischt
1/2 Teel. Turmeric
Pfeffer
Salz

Zubereitung
Zwiebeln und Gewürze kurz anbraten. Wasser und Zitronensaft hineingeben und 5 bis 10 Minuten kochen lassen. Das Wasser verdampft schnell. Falls zuviel Wasser verdampft ist, kann man einfach etwas mehr hineingeben.
Für 2 Personen.

Cream and Baked Eggs
(Cremige, gebackene Eier)

Dies ist ein Parsi-Rezept, und da die Eier im Ofen gegart werden, ergibt sich ein ganz neuer Eigengeschmack.

Zutaten
4 Eier
2 Zwiebeln – geschnitten
4 Knoblauchzehen – zerdrückt
8 Eßl. Sahne
2 Teel. Koriander
2 Teel. Kreuzkümmel
1 Teel. Chilipulver
Salz

Zubereitung
Zwiebeln, Knoblauch und Gewürze unter ständigem Rühren anbraten. Sahne hinzugeben und gut umrühren. Beiseitestellen, bis die Mischung abgekühlt ist. In eine feuerfeste Form geben und die Eier vorsichtig obendrauf legen. Ofen auf 180 °C vorheizen und das Gericht backen, bis die Eier fest sind (etwa 1/4 Stunde).
Für 2 Personen.

Egg Indad (Ei-Gericht)

Zutaten
4 hartgekochte Eier – halbiert
2 große Kartoffeln – gekocht und zerstampft
2 Knoblauchzehen – zerdrückt
1 große Zwiebel – geschnitten
2 große Tomaten – geschnitten
1 Teel. Essig
1 Teel. Zucker
1 Teel. Kreuzkümmel
1/2 Teel. Turmeric
2 Teel. Chilipulver
2 Teel. Koriander
1/2 Teel. Ingwer
1 Teel. Salz

Zubereitung
Knoblauch in Essig zu einer Paste zerstampfen. Zwiebel und alle Gewürze anbraten und Zucker sowie Tomaten hinzufügen. Dann Knoblauchpaste beigeben und alles schmoren lassen, bis die Tomaten gar sind. Eine Tasse Wasser dazugießen und langsam zum Kochen bringen. Die Eier hineingeben und das Ganze dünsten, bis die Soße etwas angedickt ist.
Für 2 Personen.

Spiced Eggs (S. 58) ▶

Egg Malai Curry (Ei-Malai-Curry)

Die ungewöhnliche Mischung aus Kokosraspeln, Zwiebeln, Tomaten und Eiern mit indischen Gewürzen ergeben zusammen ein leckeres Eiergericht, das eine geschmackliche Abwechslung bietet.

Zutaten

5 Eier
3 große Tomaten – geschnitten
3 Eßl. Kokosraspeln
1 Tasse Milch
1 große Zwiebel – geschnitten
2 mittelgroße Kartoffeln (gekocht und zerstampft)
1 Teel. Ingwer
2 Knoblauchzehen – zerstampft
1 Teel. Kreuzkümmel
2 Lorbeerblätter
1/2 Teel. Turmeric
1/2 Teel. Garam Masala
1 Teel. Koriander
2 Teel. Chilipulver
1 Teel. Salz

Zubereitung

Eigelb vom Eiweiß trennen. (Eiweiß für ein anderes Rezept benutzen.) Eigelbe separat kurz auf beiden Seiten anbraten und beiseite stellen. Zwiebel, Knoblauch und Lorbeerblätter anbraten, dabei aufpassen, daß nichts anbrennt. Wenn die Zwiebel goldgelb wird, Kokosraspeln hinzugeben und 2 Minuten dünsten, danach Tomaten, Salz und alle übrigen Gewürze hinzuge-

ben. Nach ca. 3 Minuten Milch hineingeben und zum Kochen bringen, Eigelbe zufügen und alles 5 Minuten dünsten.
Für 3 Personen.

Der Marmorpalast Taj Mahal gilt als einer der schönsten Bauten der Welt

Spiced Eggs (Eier gut gewürzt)

Dieses Gericht sieht sehr dekorativ aus und läßt sich direkt in der Pfanne auf den Tisch bringen. Es ist bei allen meinen Gästen sehr beliebt und sehr schnell, einfach und preiswert zuzubereiten.

Zutaten
4 Eier
3 große Zwiebeln – kleingeschnitten
5 Tomaten – kleingeschnitten
30 g Mandeln – gehackt
1 geh. Teel. Kreuzkümmel
2 Teel. Koriander
Salz und Pfeffer

Zubereitung
Zwiebeln und Mandeln anbraten, dann Gewürze zugeben und mitbraten, schließlich die Tomaten zufügen. Alles gut umrühren und bei niedriger Temperatur garen. Mit Salz und Pfeffer abschmecken. Zum Schluß Eier aufschlagen und auf das Gericht gleiten lassen. Die Pfanne abdecken, und alles garen lassen.
Für 2 Personen. *(Foto S. 55)*

Fleischgerichte

Chicken Moghlai (Hähnchen Moghlai)

Ein aromatisches, aber nicht scharfes Hähnchengericht.

Zutaten
1 Hähnchen (etwa 1200 g) – in Stücke zerteilt
2 große Zwiebeln – geschnitten
1 Tomate – geschnitten
5 Knoblauchzehen – zerdrückt
1 Tasse Wasser
3 Eßl. Joghurt
5 Nelken
8 Kardamomsamen – zerdrückt
2 Lorbeerblätter
1 Eßl. Koriander
2 Teel. Ingwer
2 Teel. Kreuzkümmel
1 Teel. Zimt
1 Teel. Turmeric
Salz
Fett zum Braten

Zubereitung
Die Hähnchenstücke braun braten und beiseite legen. Zwiebeln, Knoblauch und alle übrigen Gewürze kurz unter ständigem Rühren anbraten. Dann die Tomaten dazugeben und mit Wasser auffüllen. Die Hähnchenstücke hineingeben und alles

bei mittlerer Temperatur garen. Zum Schluß den Joghurt unterrühren und das Gericht noch einmal erhitzen.

Garzeit: etwa 1 Stunde

Grell-bunte Heiligenbilder gibt es in jedem Souvenirladen

Chicken Masala (Gewürz-Hähnchen)

Eine exquisite Mischung aus cremig und scharf.

Zutaten
200 g Hähnchenfleisch (etwa 1/2 Hähnchen)
2 Knoblauchzehen – zerdrückt
2 große Zwiebeln – geschnitten
2 Eßl. Kokosraspeln
1 Becher Joghurt (150 g)
4 Eßl. Sahne
2 Teel. Koriander
2 Teel. Kreuzkümmel
1 Teel. Ingwer
1 Teel. Turmeric
1 Teel. Chilipulver
1 Teel. Salz
Fett zum Braten

Zubereitung
Das Hähnchen kochen und das Fleisch vom Knochen lösen. Beiseite legen. Knoblauch, Zwiebeln, Kokosraspeln und alle anderen Gewürze kurz anbraten, dabei ständig umrühren, damit nichts anbrennt. Joghurt und Sahne hineinrühren und etwa 10 Minuten lang bei kleiner Flamme kochen lassen. Anschließend das Hähnchenfleisch hinzufügen und alles noch einmal verrühren und durchwärmen.
Für 2 Personen.

 Papaya-Special (S. 158) ▶

Chicken Korma (Schmor-Hähnchen)

Ein Gourmet-Gericht, das auch dem verwöhntesten Magen gerecht wird.

Zutaten
1 Hähnchen (etwa 1000 g) – zerteilt
2 große Zwiebeln – geschnitten
2 große Tomaten – geschnitten
1 Becher saure Sahne
1 Becher Joghurt
2 Eßl. Mandeln – gerieben
1/2 Tasse Kokosraspeln
4 Knoblauchzehen – zerdrückt
1 Teel. Tomatenmark
1/2 Teel. Muskat
1/2 Teel. Zimt
1 Teel. Turmeric
1 Teel. Ingwer
2 Teel. Kreuzkümmel
2 Teel. Koriander
3 Nelken
3 Lorbeerblätter
Salz
Fett zum Braten

Zubereitung
Die Hähnchenteile anbraten und beiseite legen. Unter ständigem Rühren die Zwiebeln und Gewürze ebenfalls anbraten. Dann die Tomaten, Kokosraspeln und den Knoblauch dazugeben und nach einigen Minuten die Mandeln hineinrühren. To-

matenmark, saure Sahne und Joghurt zugeben und zum Schluß die Hähnchenteile beifügen und schmoren lassen, bis das Fleisch gar ist.
Für 4 Personen.

Garzeit: 45 – 60 Minuten

Imposante Kulisse: der Himalaya

Chicken in Tomato Sauce
(Hähnchen in Tomatensoße)

Ein Hähnchengericht, das durch die gut aufeinander abgestimmten Gewürze seine besondere Note erhält.

Zutaten

1/2 Hähnchen – etwa 500 g, zerteilt
250 g Tomaten – geschnitten
1 Eßl. Tomatenmark
1 Becher saure Sahne
4 Knoblauchzehen – zerdrückt
1/2 Teel. Kardamompulver
1 Teel. Ingwer
1 Teel. Turmeric
1/2 Teel. Zimt
1/2 Teel. Muskat
2 Nelken
2 Lorbeerblätter
2 Teel. Koriander
2 Teel. Kreuzkümmel
1/2 Tasse Wasser
Salz
Fett zum Braten

Zubereitung

Die Hähnchenteile anbraten, dann beiseite legen. Alle Gewürze unter ständigem Rühren ebenfalls kurz anbraten. Anschließend Tomaten, Knoblauch und Tomatenmark zugeben und einige Minuten garen lassen. Zum Schluß die saure Sahne so-

wie Wasser beigeben, die Hähnchenteile zufügen und alles noch ca. 30 Minuten köcheln lassen.
Für 3 Personen.

Garzeit: Damit dieses Gericht sein volles Aroma entwickelt, muß man etwa 1 Stunde Garzeit rechnen (inklusive Anbraten).

Idyllisch sind die kilometerlangen Sandstrände Goas

Chicken Curry (Hähnchen-Curry)

Dieses Gericht erhält durch die vielen verschiedenen Gewürze seinen exotischen Geschmack.

Zutaten
1 Hähnchen – in große Stücke zerteilt
2 Zwiebeln – geschnitten
250 g Tomaten – geschnitten
1/2 Tasse Kokosraspeln
2 Knoblauchzehen – zerdrückt
1 Teel. Ingwerpulver
1 Teel. Kreuzkümmel
1 Teel. Koriander
1/2 Teel. Turmeric
1/2 Teel. Kardamompulver
1/2 Teel. Zimt
1/2 Teel. Muskat
4 Nelken
1 Eßl. Zitronensaft
1 Tasse Wasser
Salz
Fett zum Braten

Zubereitung
Die Hähnchenteile anbraten und beiseite stellen. Zwiebeln anbraten. Kokosraspeln zu einer Paste verarbeiten (siehe „Tips rund um die indische Küche“). Diese Paste zusammen mit Knoblauch sowie allen anderen Gewürzen dazugeben; dabei ständig umrühren, damit nichts anbrennt. Tomaten hineingeben und alles auf kleiner Flamme etwa 2 Minuten weitergaren.

Danach mit Wasser auffüllen, die Hähnchenteile dazugeben und noch einige Minuten garen. Falls nicht genug Flüssigkeit im Gericht geblieben ist, etwas Wasser hinzufügen.
Für 3 Personen.

Ruhepause am Straßenrand – in Indien nichts Ungewöhnliches

Hot Lamb Korma (Geschmortes Lamm)

Zutaten
250 g Lamm – in Stücke geschnitten
2 große Zwiebeln – geschnitten
2 Tomaten – geschnitten
4 Knoblauchzehen – zerdrückt
1 Becher saure Sahne
1/2 Tasse Kokosraspeln
1/2 Teel. Kardamompulver
1/2 Teel. Muskatblüte
1/2 Teel. Zimt
1 Teel. Turmeric
1 Teel. Garam Masala
3 Teel. Chilipulver
2 Teel. Koriander
2 Teel. Kreuzkümmel
3 Nelken
2 Lorbeerblätter
Salz und Pfeffer

Zubereitung
Zwiebeln und Knoblauch kurz anbraten. Dann das Fleisch zugeben und alles unter ständigem Rühren weiterbraten. Wenn das Fleisch angebräunt ist, alle übrigen Gewürze unterrühren. Anschließend die Tomaten hineingeben und alles noch 1 Minute weiterbraten lassen. Zuletzt die saure Sahne einrühren, den Deckel aufsetzen und das Gericht schmoren lassen, bis das Fleisch gar ist.
Für 2 Personen.

Minced Meat Curry (Hackfleisch-Curry)

Eine würzige, preiswerte und schnell bereitete Mahlzeit.

Zutaten
250 g Gehacktes
2 Zwiebeln – geschnitten
1 Tasse Kokosraspeln
1 Teel. Senfkörner
2 Eßl. Koriander
1 Eßl. Kreuzkümmel
1/2 Teel. Turmeric
1 Teel. Chilipulver
Salz

Zubereitung
Senfkörner vorbereiten (siehe „Tips rund um die indische Küche"). Zwiebeln anbraten und die Senfkörner sowie die übrigen Gewürze unter ständigem Rühren dazugeben. Kokosraspeln und Gehacktes hinzufügen und alles gut umrühren. Falls das Gericht zu trocken wird, etwas Wasser beigeben. Anschließend den Curry schmoren lassen, bis das Fleisch gar ist. Für 2 Personen.

Minced Meat (Kheema) Cutlets
(Hack-„Koteletts")

Dieses Gericht eignet sich nicht nur für jede normale Mahlzeit, sondern ist auch ein köstlicher Gag auf Parties oder ähnlichen Anlässen. Kartoffeln sind eine sehr geeignete Beilage zu den „falschen Koteletts".

Zutaten
250 g Gehacktes
1 kleine Zwiebel – sehr fein gehackt
2 Knoblauchzehen – zerdrückt
2 Teel. Koriander
1/2 Teel. Kardamompulver
1/2 Teel. Ingwer
1 Teel. Garam Masala
1 Teel. Chilipulver
Salz und Pfeffer
Fett zum Braten
zum Panieren
Ei
Paniermehl

Zubereitung
In einer Schüssel alle Zutaten gut vermischen. Die Masse in drei Teile teilen und jede in „Kotelettform" bringen. Anschließend in Ei und Paniermehl wälzen und in heißem Fett gar braten. Dies dauert etwa 1/4 Stunde.
Ergibt etwa 3 mittelgroße „Koteletts".

Lamb Korma (Lamm Korma)

Die fein abgestimmte Gewürzmischung gibt zusammen mit den feingehackten Nüssen dem zarten Lammfleisch seinen aparten Geschmack.

Zutaten
500 g Lammfleisch (oder Hammel) – in Stücke geschnitten
2 große Zwiebeln – geschnitten
2 Knoblauchzehen – zerdrückt
1/2 Tasse Mandeln – feingehackt
1 1/2 Tassen Wasser
2 große Tomaten – geschnitten
1 Eßl. Koriander
1 Teel. Ingwer
1 Teel. Turmeric
1/2 Teel. Muskatnuß
1/2 Teel. Zimt
1/2 Teel. Nelkenpulver
1/2 Teel. Muskatblüte
1/2 Teel. Kardamompulver
2 Teel. Kreuzkümmel
Salz und Pfeffer

Zubereitung
Zwiebeln und Gewürze unter ständigem Rühren anbraten. Das Lammfleisch dazugeben und alles unter ständigem Rühren weiterbraten. Tomaten, Mandeln und Knoblauch zufügen, kurz mitbraten und anschließend alles mit Wasser auffüllen. Anschließend das Korma schmoren lassen, bis das Fleisch gar ist. Ein zartes Stück ist innerhalb einer halben Stunde gar.
Für 4 Personen.

Spicy Meat Dish (Würziges Fleischgericht)

Die Zubereitung dieses Gerichtes ist zwar wenig arbeitsaufwendig, man benötigt jedoch ein wenig Zeit dafür.

Zutaten
350 g Hammelfleisch – in Stücke geschnitten
15 Pfefferkörner
5 Kardamomsamen
2 Lorbeerblätter
12 Nelken
1 Teel. Zimt
2 Teel. Chilipulver
Zum Darüberstreuen
1 Teel. Garam Masala

Zubereitung
Gewürze anbraten. Vorsicht, sie brennen leicht an, deswegen ständig umrühren. Fleisch dazugeben und ebenfalls anbraten, dabei weiter umrühren. Anschließend den Topf auf kleine Flamme stellen und garen. Zum Schluß nochmals 3 Minuten ohne Deckel erhitzen. Vor dem Servieren die festen Gewürze herausnehmen und das Gericht mit Garam Masala überstreuen.
Für 2 Personen

Garzeit: 1 Stunde 10 Minuten.

Sweet and Sour Mutton
(Hammelfleisch süß-sauer)

Bei „süß-sauer" denkt man meist an chinesische Gerichte, aber es gibt auch köstliche indische Speisen dieser Art; ein solches soll hier vorgestellt werden.

Zutaten
300 g Hammelfleisch – in Stücke geschnitten
2 Tassen Joghurt
1 Eßl. Kreuzkümmel
1 Teel. Garam Masala
1 Teel. Koriander
1 Teel. Chilipulver
1/2 Teel. Turmeric
1 Eßl. Essig
1 Eßl. Zucker
Salz

Zubereitung
Alle Gewürze mit dem Joghurt vermischen und die Hammelfleischstücke darin etwa 1 Stunde einlegen. Dann die Hammelfleischstücke anbraten, wobei nach und nach die Joghurtmischung zugegeben wird. Solange kochen lassen, bis die Mischung trocken geworden ist. Wenn die Joghurt-Gewürzmischung aufgebraucht und die Flüssigkeit der Soße verdunstet ist, mit einer Tasse heißem Wasser auffüllen, Essig und Zucker zufügen und kochen lassen, bis die Soße dick geworden ist.
Für 2 Personen.

Mild Beef Curry (Milder Rindercurry)

Ein schmackhafter Fleischcurry mit Rosinen und Petersilie, mild im Geschmack.

Zutaten
250 g Rindfleisch – in Würfel geschnitten
2 Zwiebeln – geschnitten
2 große Tomaten – geschnitten
1/2 Tasse Rosinen
1/2 Bund Petersilie
1 Teel. Ingwerpulver
1 Teel. Zimt
2 Teel. Kreuzkümmel
2 Teel. Koriander
2 Teel. Currypulver
1 Tasse Wasser
Salz

Zubereitung
Zwiebeln anbraten, Gewürze hineingeben und weiterbraten. Tomaten zufügen und alles gut umrühren. Fleisch, Rosinen sowie 1 Tasse Wasser hinzugeben und alles bei mittlerer Temperatur schmoren lassen, bis das Fleisch gar ist.
Für 2 Personen.

Indian Kebab (Kebab auf indische Art)

Ein etwas ungewöhnlicher Kebab (Fleischspießchen), der durch die Erdnußsoße seinen besonderen Charakter erhält.

Zutaten
250 g Schweinefilet – in Würfel geschnitten
Marinade
1 Zwiebel – geschnitten
2 gehäufte Eßl. Johannisbeergelee
1 Teel. Ingwerpulver
1 Teel. Chilipulver
Zum Bestreichen
250 g Butter
2 Eßl. Wasser
2 Eßl. Erdnußbutter
1 Teel. Zimt
2 Teel. Speisestärke
3 Eßl. Joghurt
1 Messerspitze gemahlene Nelken

Zubereitung
Zutaten für die Marinade vermischen und das Fleisch darin 2 Stunden lang einlegen.
Die Zutaten zum Bestreichen vermischen und solange schlagen, bis eine glatte Masse entsteht. Die Butter soll weich sein, deswegen sollte sie einige Stunden, bevor sie verwendet wird, aus dem Kühlschrank genommen werden.
Nach dem Marinieren das Fleisch auf Spießchen stecken, mit der Erdnußbuttersoße bestreichen und grillen. Während des Grillens immer wieder bestreichen, bis das Fleisch gar ist.
Für 2 Personen. *(Foto S. 43)*

Madras Curry

Ein exotisches Fleischgericht mit einer Soße aus Kokosraspeln.

Zutaten
250 g Rindfleisch – in Stücke geschnitten
2 Zwiebeln – geschnitten
2 Knoblauchzehen – zerdrückt
1 Eßl. Petersilie – kleingehackt
3 Eßl. Kokosraspeln
1 Teel. Zimt
2 Teel. Kreuzkümmel
2 Teel. Koriander
2 Teel. Currypulver
1 Tasse Wasser
Salz

Zubereitung
Zwiebeln anbraten, dann Gewürze hineingeben und gut umrühren. Koskosraspeln und Knoblauch zufügen und einige Minuten unter ständigem Rühren schmoren lassen. Dann das Fleisch hineingeben und ständig weiterrühren, sonst brennt das Gericht an. Wenn das Fleisch angebräunt ist, 1 Tasse Wasser hinzufügen und fertig garen.
Für 2 Personen.

Indian Meat Balls
(Indische Hackfleischbällchen)

Pikante Bällchen aus gehacktem Hammelfleisch.

Zutaten
500 g gehacktes Hammelfleisch
2 Zwiebeln – fein gewürfelt
1/2 Bund Petersilie
1 Eßl. Senf
2 Teel. Koriander
2 Teel. Kreuzkümmel
1 Teel. Chilipulver
2 Teel Currypulver
Salz
Kartoffelmehl (man kann auch Speisestärke nehmen)

Zubereitung
Alle Zutaten, außer dem Kartoffelmehl, in einer Schüssel mischen und daraus kleine Bällchen formen. Sie werden im Kartoffelmehl gewälzt und gar gebraten.
Ergibt etwa 14 Bällchen.

Liver Curry (Leber-Curry)

Ein milder und wohlschmeckender Curry für alle, die gerne Leber essen.

Zutaten

250 g Leber – in Stücke geschnitten
1 große Zwiebel – geschnitten
2 Knoblauchzehen – zerdrückt
1 Lorbeerblatt
2 Teel. Kreuzkümmel
2 Teel. Koriander
2 Nelken
1/2 Teel. Zimt
1/2 Tasse Wasser
1 Messerspitze Kardamompulver
Salz

Zubereitung

Die Zwiebel anbraten, dann die Gewürze unter ständigem Rühren dazugeben und weiterbraten. Die Leberstücke und den Knoblauch dazugeben und kurz mitbraten. Anschließend mit Wasser auffüllen und fertig garen. Mit Salz abschmecken.
Für 2 Personen.

Mutton Curry (Hammel-Curry)

Das beste Hammelgericht, das ich jemals gegessen habe!

Zutaten

500 g Hammelfleisch – in Stücke geschnitten
2 große Zwiebeln – geschnitten
6 Knoblauchzehen – zerdrückt
2 große Tomaten – geschnitten
1 Teel. Ingwer
2 Teel. Koriander
1 Teel. Garam Masala
2 Teel. Kreuzkümmel
2 Teel. Chilipulver
1 Teel. Salz
1/2 Teel. Pfeffer
3 Tassen Kokosnußmilch (siehe „Tips"; Alternative: 2 Eßl. Kokosraspeln und 3 Tassen Milch)

Zubereitung

Zwiebeln und Knoblauch anbraten. Hammelfleisch, Tomaten und alle Gewürze beigeben und ebenfalls anbraten (inklusive Kokosraspeln, wenn sie verwendet werden). Dann Kokosnußmilch bzw. normale Milch hinzufügen und alles garen, bis das Fleisch zart ist.

Für 3 bis 4 Personen. *(Foto S. 59)*

Minced Meat Curry „Coco“
(Hack-Curry „Cocos“)

Bei diesem Gericht handelt es sich um eine einfachere Version des „Mutton Curry“ (siehe voriges Rezept). Statt Hammelfleisch wird hierbei beliebiges Hackfleisch verwendet.
Die Kokosnußmilch und die vielen aufeinander abgestimmten Gewürze geben dem Fleisch seinen exotischen Geschmack.

Zutaten
500 g Gehacktes
2 große Zwiebeln – geschnitten
6 Knoblauchzehen – zerdrückt
1 Teel. Ingwer
2 große Tomaten – geschnitten
2 Teel. Koriander
1 Teel. Garam Masala
2 Teel. Kreuzkümmel
2 Teel. Chilipulver
1 Teel. Salz
1/2 Teel. Pfeffer
2 Tassen Kokosnußmilch (siehe „Tips“ – Alternative: 2 Eßl. Kokosraspeln und 2 Tassen Milch)

Zubereitung
Zwiebeln und Knoblauch anbraten. Gehacktes, Tomaten und alle Gewürze hinzufügen und ebenfalls anbraten (inklusive Kokosraspeln, wenn sie benutzt werden). Dann Kokosnußmilch bzw. normale Milch hinzufügen und garen, bis das Fleisch gar ist.
Für 3 bis 4 Personen.

Roghan Gosh

Eine Köstlichkeit aus Kashmir. Dieses Gericht eignet sich als Festessen oder um Freunde zu bewirten.

Zutaten
1 kg Lammfleisch – ohne Knochen
100 g Margarine
60 g Mandeln – gerieben
4 Eßl. Sahne
1 /2 l Wasser
1 Eßl. Koriander
1 1/2 Teel. Garam Masala
1 Teel. Ingwer
1 Teel. Salz
1 Prise Chilipulver

Zubereitung
Das Fleisch in Stücke schneiden, mit Ingwer bestreuen und in Margarine braten. Die restlichen Gewürze zugeben und langsam mit Wasser auffüllen. Wenn das Fleisch gar ist, die Mandeln dazugeben und noch einige Minuten schmoren lassen. Vor dem Servieren die Sahne unterrühren.
Für 6 bis 8 Personen.

Lamb in Tomato Gravy
(Lamm in Tomatensoße)

Dieses Gericht ist von einem Parsi-Rezept abgeleitet und von mir vereinfacht worden. Die Soße gibt den besonderen Pfiff.

Zutaten
500 g Lammfleisch – in Stücke geschnitten
2 Zwiebeln – geschnitten
2 Knoblauchzehen – zerdrückt
400 g Tomaten – geschnitten
6 Pfefferminzblätter – feingehackt
2 Nelken
2 Lorbeerblätter
2 Teel. Korianderblätter
1 Teel. Ingwer
2 Teel. Kreuzkümmel
1/2 Teel. Zimt
1/2 Teel. Turmeric
Salz

Zubereitung
Fleisch, Zwiebeln, Knoblauch und Gewürze unter ständigem Rühren kurz anbraten. Dann Tomaten zugeben und alles bei mittlerer Hitze garen. (Die Garzeit richtet sich nach dem Fleisch; ein zartes Stück ist innerhalb 1/2 Stunde gar, ansonsten benötigt man mehr Zeit.)
Für 4 Personen.

Sweet and Sour Kheema
(süß-saures Gehacktes)

Zutaten
500 g Gehacktes
2 Zwiebeln – geschnitten
4 Knoblauchzehen – zerdrückt
1 große Tomate – geschnitten
2 Eßl. Zucker
2 Eßl. Essig
2 Teel. Ingwer
2 Teel. Kreuzkümmel
2 Teel. Koriander
1 Teel. Turmeric
2 Teel. Korianderblätter
Salz

Zubereitung
Zwiebeln, Knoblauch und Gewürze kurz unter ständigem Rühren anbraten. Die Tomate hineingeben und kurz mitbraten. Dann das Fleisch zugeben und alles zusammen schmoren lassen, bis das Fleisch gar ist.
Für 4 Personen.

Fischgerichte

Fish Korma (Fisch Korma)

Zutaten
250 g Kabeljau
2 Zwiebeln – geschnitten
150 g Quark
1 Tasse Milch
1 Teel. Ingwer
1 Teel. Turmeric
1 Teel. Garam Masala
2 Teel. Kreuzkümmel
2 Teel. Koriander
2 Knoblauchzehen – zerdrückt
Salz

Zubereitung
Die Zwiebeln und Gewürze anbraten. Den Knoblauch und den Fisch dazugeben und kurz mitbraten, etwas Milch beigegen und alles anschließend auf niedriger Flamme schmoren lassen; dabei aufpassen, daß nichts anbrennt.
Den Topf vom Herd nehmen. Die restliche Milch zufügen und den Quark verquirlen. Das Gericht jetzt nur noch erhitzen, nicht mehr zum Kochen bringen, sonst gerinnt der Quark.
Für 2 Personen.

Cod in Joghurt Sauce
(Kabeljau in Joghurt-Soße)

Ein Fischgericht, das besonders durch seine delikate Soße ausgezeichnet wird.

Zutaten
250 g Kabeljau
2 Zwiebeln – geschnitten
5 Knoblauchzehen – zerdrückt
2 Becher Joghurt
1 Teel. Muskat
1 Teel. Turmeric
1 Teel. Zimt
1/2 Teel. Kardamompulver
Salz
Pfeffer

Zubereitung
Den Kabeljau von beiden Seiten anbraten und beiseite stellen. Die Zwiebeln und Gewürze kurz anbraten, den Knoblauch als letztes dazugeben und unter ständigem Rühren weiterbraten. Die Kabeljaufilets hineingeben und bei mittlerer Temperatur gar braten. (Falls das Gericht zu trocken wird, mit etwas Wasser auffüllen.) Zum Schluß das Gericht vom Herd nehmen und Joghurt hineinrühren. Noch einmal vorsichtig erhitzen, aber nicht mehr kochen lassen, sonst gerinnt der Joghurt.
Für 3 Personen. *(Foto S. 51)*

Fish Cutlets (Fischkoteletts)

Eine scharf gewürzte Fischmischung, die in der Form von Koteletts, paniert und gebraten, serviert wird.

Zutaten
150 g beliebiger Fisch – gekocht und geknetet
1 kleine Zwiebeln – feingehackt
2 Teel. Chilipulver
1 Teel. Ingwer
1 Teel. Garam Masala
1 Teel. Koriander
1/2 Teel. Kardamompulver
Zum Panieren
1 Ei
Paniermehl

Zubereitung
Alle Zutaten in einer Schüssel vermischen. Aus der Masse 4 bis 5 Koteletts formen, diese in Ei und anschließend in Paniermehl wälzen und gar braten (etwa 3 Minuten auf jeder Seite).
Ergibt 4 bis 5 Koteletts.

Indian Fish Dish (Fischtopf Indien)

Dieses Gericht habe ich ein wenig für den europäischen Geschmack geändert; ich habe z.B. Wein und eine Mischung aus süßer und saurer Sahne hinzugenommen. Der Fischtopf schmeckt sehr apart.

Zutaten
300 g beliebiger Bratfisch – in Stücke geschnitten
100 g Zwiebeln – geschnitten
1 Tasse saure Sahne
4 Eßl. süße Sahne
1 Tasse Wein (wenn vorhanden, sonst Wasser)
1 Eßl. Zitronensaft
2 Teel. Kreuzkümmel
1 Teel. Ingwer
1 Teel. Salz

Zubereitung
Die Zwiebeln anbraten, dann den Fisch dazugeben und mitbraten, dabei ständig rühren, damit nichts anbrennt. Alle Gewürze zufügen und gut umrühren. Wein oder Wasser dazugießen, dann saure und süße Sahne hineingeben und den Zitronensaft unterrühren. Alles gut vermischen und bei niedriger Temperatur kochen (etwa 10 bis 15 Minuten). Dieses Gericht schmeckt am besten, wenn es etwas länger, aber nur leicht kocht, damit das Aroma der Gewürze gut einziehen kann.
Für 2 Personen.

Fish Masala (Fisch Masala)

Dieses Fischgericht stellt eine äußerst interessante indische Küchenkreation dar und ist einfach und schnell zuzubereiten.

Zutaten
250 g Kabeljau – 2 Filets
2 große Zwiebeln – geschnitten
3 Knoblauchzehen – zerdrückt
2 Teel. Koriander
2 Teel. Garam Masala
1 Teel. Turmeric
1 Teel. Chilipulver
1 große Tomate – geschnitten
Salz

Zubereitung
Zwiebeln anbraten. Gewürze hineingeben und unter ständigem Rühren kurz anbraten. Tomate und Fischfilets dazugeben und alles zusammen garen.
Für 2 Personen.

Fish Koftas (Fisch-Bällchen)

Knusprige, würzige Fischbällchen.

Zutaten
250 g Kabeljau – gekocht und zerdrückt
1 kleine Zwiebel – feingehackt
1 Ei
2 Knoblauchzehen – zerdrückt
3 Teel. Chilipulver
2 Teel. Kreuzkümmel
2 Teel. Koriander
1 Teel. Garam Masala
1 Teel. Ingwer
1/2 Teel. Turmeric
Salz

Zubereitung
Alle Zutaten in eine Schüssel geben und gut vermischen. Aus der Masse kleine Bällchen formen und diese in sehr heißem Fett schwimmend etwa 3 Minuten braun braten.
Ergibt 9 Bällchen.

Fried Spicy Fish (Gebratener würziger Fisch)

Dieser panierte Bratfisch ist mit den bei uns üblichen Bratfischrezepten nicht zu vergleichen, denn die ausgewählten Gewürze verleihen ihm einen sehr exotischen Geschmack.

Zutaten
250 g Fischfilet – 2 Filets
1 Zwiebel – zerdrückt
4 Knoblauchzehen – zerdrückt
1 Teel. Garam Masala
1 Teel. Turmeric
1 Teel. Ingwer
1 Teel. Chilipulver
Zum Panieren
1 Ei
Paniermehl

Zubereitung
Zwiebel und Knoblauch zu einer Paste verarbeiten (in der Küchenmaschine oder auf einem Holzbrett mit einer Teigrolle zerkleinern und etwas Wasser dazumengen, bis man eine Paste hat). Die Paste mit den übrigen Gewürzen gut vermischen und die Filets mit der Gewürzmischung einreiben. 1 Stunde stehen lassen.
Anschließend die Filets in Ei und Paniermehl wälzen und auf beiden Seiten braten, bis sie gar sind (etwa 10 Minuten auf jeder Seite).
Für 2 Personen.

Fish Curry (Fisch-Curry)

Ein gut variierbares Fischgericht, da verschiedene Fischsorten genommen werden können.

Zutaten
500 g Fischfilet (beliebige Sorte Frischfisch – Alternative: Fisch aus der Dose, z.B. Makrelen)
Saft einer Zitrone
1 Zwiebel – geschnitten
2 Teel. Koriander
2 Teel. Kreuzkümmel
2 Teel. Chilipulver
1/2 Teel. Senfkörner
1/2 Teel. Turmeric
1 Teel. Garam Masala
1 Teel. Salz

Zubereitung
Den Fisch in Stücke schneiden. Die Senfkörner anbraten (siehe „Tips rund um die indische Küche"), dann die Zwiebel dazugeben und ebenfalls anbraten. Den Fisch und die restlichen Gewürze zufügen und alles 2 Minuten weiterbraten lassen. Mit Zironensaft begießen und so lange kochen, bis der Fisch gar ist. Es ist möglich, daß noch etwas Flüssigkeit gebraucht wird, besonders, wenn mehr Soße verlangt wird. Dann einfach etwas Wasser dazugeben.
Für 2 bis 3 Personen.

Spicy Fish (Würziger Fisch)

Zutaten
400 g Kabeljau (3 Filets)
2 Zwiebeln – geschnitten
1 Lorbeerblatt
1 Teel. Ingwerpulver
1 Teel. Garam Masala
1 Teel. Kreuzkümmel
1 Teel. Koriander
2 Teel. Chilipulver
1/2 Teel. Anis
2 Knoblauchzehen – zerdrückt
Salz

Zubereitung
Die Fischfilets anbraten und beiseite legen. Dann die Zwiebeln anbraten, die Gewürze zugeben und einige Minuten weiterbraten, dabei gut umrühren. Anschließend etwa 1/2 Tasse Wasser zufügen und noch 5 Minuten bei niedriger Temperatur kochen lassen. Zum Schluß den Fisch hineingeben und weitere 10 Minuten kochen lassen.
Für 3 Personen.

Fish Stew (Fischragout)

Bei uns kennt man eigentlich nur Fleischragouts. Dieses Ragout jedoch wird nur aus Fisch und vielen verschiedenen Gemüsesorten zubereitet. Es ist gut gewürzt, aber nicht scharf und schmeckt durch die Banane ein wenig süßlich.

Zutaten
500 g Fisch – geschnitten
100 g Rettich – geschnitten
100 g Blumenkohl – geschnitten
100 g Auberginen – geschnitten
200 g Tomaten – geschnitten
2 Teel. Koriander
2 Teel. Kreuzkümmel
1 Teel. Turmeric
1 Teel. Ingwerpulver
1 Banane – geschnitten
1 Tasse Wasser
Salz

Zubereitung
Alle Gewürze kurz in ausreichend Fett anbraten, dabei aufpassen, daß nichts anbrennt, also ständig rühren. Tomaten zugeben und noch einige Minuten weiterschmoren. Sämtliches Gemüse unter ständigem Rühren zufügen, ebenso den Fisch und anschließend alles mit Wasser auffüllen. Man muß zum Schluß eine Soße haben; wenn nicht genug Flüssigkeit vorhanden ist, kann man ruhig noch etwas Wasser zugeben. Mit Salz abschmecken.
Für 4 Personen.

Prawn Curry (Krabben-Curry)

Krabben und Kokosraspeln mit indischen Gewürzen vermischt passen geschmacklich sehr gut zusammen. Falls man Krabben aus der Dose nimmt, kann man den Saft zum Schluß noch zufügen, dies verleiht einen noch intensiveren Geschmack.

Zutaten
100 g Krabben
2 Eßl. Kokosraspeln
1 Zwiebel – geschnitten
2 Eßl. Quark
1 Tasse Milch
1 Teel. Koriander
1 Teel. Kreuzkümmel
1 Teel. Garam Masala
1 Teel. Ingwerpulver
1/2 Teel. Turmeric
1 Lorbeerblatt
1 Teel. Chilipulver
Salz

Zubereitung
Zwiebeln anbraten, dann alle Gewürze zugeben und unter ständigem Rühren ebenfalls anbraten. Krabben und Kokosraspeln zufügen und kurz mitbraten. Dann vom Herd nehmen. Milch und Quark zufügen und gut umrühren. Mit Salz abschmecken und bei niedriger Temperatur garen.
Für 2 Personen.

Gemüsegerichte

Black-eyed Beans (Schwarzaugen Bohnen)

Dieses Gericht ist eine vollwertige und sehr sättigende Mahlzeit, die man mit Reis oder Tschapattis essen kann.

Zutaten
1 Tasse Schwarzaugen Bohnen
2 Tassen Wasser
2 Eßl. Zitronensaft
2 Zwiebeln – geschnitten
1 Tomate
2 Teel. Koriander
2 Teel. Kreuzkümmel
1 Teel. Chilipulver
Salz

Zubereitung
Die Bohnen über Nacht in Wasser einweichen. Das Wasser abschütten, und die Bohnen 15 bis 20 Minuten in frischem Wasser weichkochen, anschließend beiseite stellen.
Inzwischen die Zwiebeln anbraten, dazu die Gewürze geben und unter ständigem Rühren kurz mitbraten. Die Tomate zufügen und 1 Minute schmoren lassen. Zitronensaft hineinträufeln und alles gut umrühren. Zuletzt das Bohnenwasser abschütten und die Bohnen zu den anderen Zutaten mischen. Alles nochmals erwärmen.
Für 2 Personen.

Cauliflower „Kootu“ (Blumenkohl „Kootu“)

Dieses würzige Gemüsegericht ist eine sehr leckere Beilage und eignet sich auch gut als Hauptmahlzeit für Vegetarier.

Zutaten
1 mittlerer Blumenkohl – in Röschen zerteilt
1 Tasse Kokosraspeln
2 Teel. Chilipulver
2 Teel. Kreuzkümmel
2 Teel. Koriander
2 Teel. Currypulver
1 Teel. Senfkörner
1/2 Teel. Turmeric
Salz

Zubereitung
Den Blumenkohl mit Turmeric in wenig Wasser fast gar kochen. Inzwischen die Kokosraspeln zu einer Paste verarbeiten (siehe „Tips rund um die indische Küche“). Alle Gewürze, außer den Senfkörnern, zum Blumenkohl geben und diesen fertig garen. Es ist meist nötig, etwas Wasser zuzufügen. Die Senfkörner verarbeiten (siehe „Tips“) und zum Schluß dazugeben. Nochmals umrühren.
Für 2 Personen als Hauptmahlzeit oder für 4 Personen als Beilage.

Mixed Vegetable Curry
(Gemischter Gemüsecurry)

Dieses bunte Gemüsegericht eignet sich zusammen mit Reis sehr gut als Hauptmahlzeit. Die vielen Gewürze sind fein aufeinander abgestimmt.

Zutaten
200 g Auberginen – geschnitten
200 g Tomaten – geschnitten
200 g Blumenkohl – geschnitten
2 große Zwiebeln – geschnitten
2 Knoblauchzehen – zerdrückt
2 Teel. Koriander
2 Teel. Kreuzkümmel
1 Teel. Chilipulver
1 Teel. Garam Masala
1 Teel. Ingwerpulver
1 Lorbeerblatt
1 Tasse Wasser
Salz

Zubereitung
Zwiebeln anbraten. Alle Gewürze hineingeben und kurz anbraten – aufpassen, daß nichts anbrennt. Dann sämtliches Gemüse zufügen und unter ständigem Rühren kurz anbraten. Wasser hineingeben, mit Salz abschmecken und garen.
Für 2 Personen. *(Foto S. 47)*

Aubergine Salad (Auberginensalat)

Dies ist ein sehr ungewöhnlicher Salat. Schon im Hinblick auf die Zubereitung: Um die Aubergine zu schälen, braucht man eine offene Flamme. Ich benutze dazu einen Campinggaskocher. Diese kleine Mühe lohnt sich.

Zutaten

1 große Aubergine
1 Zwiebel – sehr fein gehackt
1 Knoblauchzehe – zerdrückt
1 Teel. Senf
1 Teel. Koriander
Saft einer Zitrone
Öl

Zubereitung

Die Haut der Aubergine über einer offenen Flamme abflämmen, bis sie dunkel geworden ist. So kann man die Haut leicht abziehen. Die enthäutete Aubergine mit einer Gabel oder in der Küchenmaschine zerkneten. Die anderen Zutaten hineingeben und alles gut verrühren. Mit Öl und Zitronensaft anrichten.
Dieser Salat wirkt sehr dekorativ, besonders mit Tomaten- und Gurkenscheiben garniert.
Für 2 Personen.

Tomato and Radish Curry
(Tomaten- und Rettich-Curry)

Dieser buntgewürfelte Gemüsecurry, fein gewürzt mit Rettich und dem europäischen Geschmack angepaßt, ist ein gutes Beispiel für den Variationsreichtum indischer Gerichte.

Zutaten

1 mittelgroßer Rettich – in Scheiben geschnitten
1 mittelgroße Aubergine – in Scheiben geschnitten
1 mittelgroße Kartoffel – in Scheiben geschnitten
200 g Tomaten – geschnitten
2 Teel. Koriander
1 Teel. Senfkörner
1 Zwiebel – geschnitten
2 Lorbeerblätter
Salz

Zubereitung

Senfkörner bearbeiten (siehe „Tips rund um die indische Küche"). Zwiebeln anbraten, dann die Gewürze unter ständigem Rühren mitbraten. Anschließend die Tomaten dazugeben und alles gut umrühren. Das restliche Gemüse hineingeben. Wenn das Gericht zu trocken wird, Wasser dazugeben und garen. Mit Salz abschmecken.
Für 2 Personen.

Cauliflower Delight (Blumenkohl-Genuß)

Der Blumenkohl wirkt, in gold-gelb-farbigem Turmeric gewälzt, sehr dekorativ und schmeckt mit der süßlichen Senfpaste darüber sehr aromatisch.

Zutaten
1 Blumenkohl
2 Eßl. Kokosraspeln
50 g Sultaninen
4 Eßl. Joghurt
1 Teel. Zucker
2 Teel. Senfkörner
1 Teel. Ingwer
1/2 Teel. Turmeric
2 Teel. Chilipulver
Salz

Zubereitung
Den Blumenkohl kochen. In der Zwischenzeit die Senfkörner bearbeiten (siehe „Tips rund um die indische Küche"). Die Kokosraspeln und die übrigen Gewürze anbraten und vom Herd nehmen.
Zucker und Joghurt hineinrühren und die so entstandene Paste erhitzen. Dann den Blumenkohl mit dem Turmeric zusammen anbraten. Die Joghurtpaste über den Blumenkohl streichen und servieren.
Für 2 Personen.

Peas and Broad Bean Curry
(Erbsen- und dicke Bohnen-Curry)

Dieser schmackhafte Gemüsecurry paßt zu vielen anderen Gerichten, z.B. zu Fisch-, Fleisch-, Eierspeisen oder auch zu anderen Gemüsegerichten.

Zutaten
100 g Erbsen
100 g dicke Bohnen
1/2 Tasse Kokosraspeln
2 Teel. Chilipulver
2 Eßl. Currypulver
1 Teel. Senfkörner
1/2 Teel. Turmeric
Salz

Zubereitung
Die Senfkörner bearbeiten (siehe „Tips rund um die indische Küche") und anschließend die Kokosraspeln und die Gewürze unter ständigem Rühren anbraten. Kokosraspeln brennen leicht an, deswegen nur bei geringer Hitze braten. Die Erbsen und Bohnen beigeben, 1/2 Tasse Wasser zufügen und alles garen. Falls das Gericht zu trocken wird, etwas Wasser zugießen.
Für 2 Personen.

Beans Curry (Weiße Bohnen-Curry)

Ein Gericht, daß sich vorzüglich für Leute eignet, die wenig Zeit zum Kochen zur Verfügung haben und trotzdem etwas Schmackhaftes zubereiten wollen.

Zutaten
1 Dose weiße Bohnen (etwa 800 g)
1 große Zwiebel – geschnitten
250 g Tomaten – geschnitten
1 Tasse Kokosmilch
1/2 Teel. Turmeric
1 Teel. Zimt
1 Lorbeerblatt
2 Teel. Kreuzkümmel
2 Teel. Koriander
1 Teel. Chilipulver
Salz
Fett zum Braten

Zubereitung
Die Zwiebeln anbraten, dann die Gewürze hineingeben und weiterbraten. Anschließend die Tomaten zugeben und fast gar dünsten. Die weißen Bohnen zufügen und alles noch 2 bis 3 Minuten bei geringer Temperatur kochen. Mit Salz abschmekken.
Für 4 Personen.

Mixed Vegetable Treat
(Gemischter Gemüsecurry)

Ein schmackhaftes, nicht scharfes Gemüsegericht.

Zutaten
125 g grüne Bohnen – kleingeschnitten
125 g Erbsen
125 g Möhren – kleingeschnitten
1/2 Tasse Kokosraspeln
1 Teel. Ingwerpulver
2 Teel. Koriander
2 Teel. Currypulver
1/2 Teel. Turmeric
2 Lorbeerblätter
Salz

Zubereitung
Kokosraspeln und Gewürze anbraten. Anschließend das Gemüse unter ständigem Rühren ebenfalls anbraten; damit nichts anbrennt, bei Bedarf zusätzlich etwas Wasser beigeben. Alles garen, wobei immer wieder etwas Wasser zugefüllt werden muß, um das Anbrennen zu verhindern.
Für 2 Personen.

Ladies' Fingers Curry (Okra-Curry)

Okra ist eine Gemüsesorte, die auch in unseren Läden immer häufiger zu finden ist. Die Schoten, etwa so lang wie ein Frauenfinger (Ladies' finger) sind bananenförmig gebogen, eckig und von hellgrüner Farbe.
Okra-Gerichte können mit Fisch, Fleisch, Eiern oder anderen Gemüsecurrys gereicht werden. Okras sind ein ungewöhnlich schmeckendes Gemüse, das auch ohne Zusatzgewürz etwas scharf schmeckt.

Zutaten
100 g Okra
1 Zwiebel – geschnitten
2 Teel. Currypulver
1/2 Teel. Senfkörner
1/2 Teel. Turmeric
Salz

Zubereitung
Senfkörner bearbeiten (siehe „Tips rund um die indische Küche"). Zwiebeln anbraten und Gewürze dazugeben, dabei aufpassen, daß nichts anbrennt. Das obere, stumpfe Ende der Okras entfernen, dann die Okras in Scheiben schneiden. Alles in einen Topf geben und etwas Wasser hinzufügen. Darin die Okras gar dünsten. Okras sind sehr schnell gar – innerhalb von 5 Minuten.
Für 2 Personen.

Ladies' Fingers and Tomato Curry
(Okra- und Tomaten-Curry)

Das Grün der Okras und das Rot der Tomate wirken zusammen sehr dekorativ, und beide Gemüse passen auch geschmacklich sehr gut zusammen.

Zutaten
100 g Okras
1 Zwiebel – geschnitten
1 große Tomate – geschnitten
1 Eßl. Kokosraspeln
1 Knoblauchzehe – zerdrückt
1 Teel. Currypulver
1 Teel. Koriander
1 Teel. Kreuzkümmel
1 Teel. Ingwerpulver
Salz
Fett zum Braten

Zubereitung
Das obere, stumpfe Ende der Okras entfernen, dann die Okras in Scheiben schneiden. Die Zwiebeln anbraten und die Gewürze dazugeben, gut umrühren. Die Kokosraspeln, Tomatenscheiben und Knoblauchzehe dazugeben und unter ständigem Rühren kurz mitbraten. Zum Schluß die Okras zufügen und mit wenig Wasser auffüllen, damit nichts anbrennt. Alles gar dünsten; die Okras sind innerhalb von 5 Minuten gar!
Für 2 Personen.

Potato Curry (Kartoffel-Curry)

Ein leckerer, milder Curry. Kartoffeln werden in Indien als Gemüse angesehen und entsprechend verarbeitet.

Zutaten
250 g Kartoffeln – geschnitten
2 Zwiebeln – geschnitten
2 Knoblauchzehen – zerdrückt
1 Tasse Milch
1 Teel. Currypulver
1 Teel. Koriander
1 Teel. Kreuzkümmel
1/2 Teel. Senfkörner
1/2 Teel. Turmeric
Salz

Zubereitung
Senfkörner bearbeiten (siehe „Tips rund um die indische Küche"). Zwiebeln anbraten, Gewürze dazugeben und alles gut umrühren. Knoblauch und Kartoffeln zufügen und, damit nichts anbrennt, ständig rühren. Milch hineingießen und alles bei niedriger Temperatur garen.
Für 2 Personen.

Plantain Curry (Kochbananen-Curry)

Kochbananen waren bei uns bis vor kurzem noch unbekannt. Heute kann man sie jedoch schon in großen, gut sortierten Supermärkten bekommen. Die Kochbananen sehen aus wie große, unreife, normale Bananen. Sie sind schwer zu schälen und kochen etwa so lange wie Kartoffeln, aber sie haben einen höheren Sättigungswert.

Zutaten
1 große Kochbanane – geschält und in Stücke geschnitten
2 Tomaten – geschnitten
2 Lorbeerblätter
2 Teel. Garam Masala
2 Teel. Kreuzkümmel
1 Teel. Turmeric
1 Teel. Chilipulver
1 Tasse Wasser
Salz

Zubereitung
Die Kochbananen anbraten, anschließend die Gewürze unter ständigem Rühren zugeben und mitbraten. Zum Schluß die Tomaten hineingeben und alles zusammen garen.
Für 2 Personen.

Cabbage Kofta Curry (Kohlbällchen-Curry)

Die knusprig gebratenen Kohlbällchen in einer Joghurt-Kartoffel-Soße sind eine exotische, wohlschmeckende Speise. Die Koftas kann man auch sehr gut ohne weitere Beilagen essen.

Zutaten

Für die Koftas

150 g Kohl – sehr klein gehackt
1 große Zwiebel – sehr klein gehackt
2 Eßl. Mehl
1 kleines Ei
1 Teel. Ingwerpulver
2 Teel. Koriander
Salz
Fett zum Braten

Für den Curry

150 g Kartoffeln – in Stücke geschnitten
1 Tasse Joghurt (oder Quark)
1 Tasse Wasser
2 Teel. Koriander
2 Teel. Garam Masala
2 Teel. Kreuzkümmel
1/2 Teel. Turmeric
Salz
Fett zum Braten

Zubereitung

Koftas

Alle Zutaten für die Koftas in einer Schüssel vermischen. Aus der Masse mit nassen Händen kleine Bällchen formen; die Koftas kleben leicht an den Händen. Sie müssen etwa 3 bis 4 Minuten lang in sehr heißem Fett schwimmend gebraten werden, damit sie gut zusammenhalten und kross werden.

Curry

Die Kartoffeln anbraten, dann die Gewürze zugeben und einige Minuten weiterbraten. Joghurt oder Quark mit Wasser gut vermischen, zu den Kartoffeln geben und alles zusammen garen.

Die Koftas hinzugeben und noch 3 bis 4 Minuten kochen lassen, dann servieren.

Für 3 Personen.

Radish Pachadi (Rettich Pachadi)

Ein mit ungewöhnlichen Zutaten zubereiteter Salat, mit dem Sie sicherlich viel Beifall ernten werden.

Zutaten
1 großer Rettich – in Stücke geschnitten
1 Tasse Quark
2 Teel. Koriander
1 Teel. Senfkörner
1 Teel. Chilipulver
Salz

Zubereitung
Senfkörner bearbeiten (siehe „Tips rund um die indische Küche"). Quark cremig schlagen, dann die Gewürze hineingeben und gut verrühren. Die gebratenen Senfkörner zugeben, und den Rettich in die Soße geben.
Für 2 Personen.

Spice Cauliflower and Tomatoes
(Würziger Blumenkohl und Tomaten)

Eine delikate Kombination aus Blumenkohl und Tomaten, mit indischen Gewürzen verfeinert.

Zutaten

1 mittelgroßer Blumenkohl – gerieben
2 Zwiebeln – kleingehackt
100 g Tomaten – geschnitten
2 Knoblauchzehen – zerdrückt
1 Teel. Ingwerpulver
1 Teel. Chilipulver
2 Lorbeerblätter
2 Teel. Koriander
2 Teel. Kreuzkümmel
1 Teel. Currypulver
1/2 Tasse Wasser (nur wenn man frische Tomaten nimmt, ansonsten etwas Saft aus der Dose)
Salz
Fett zum Braten

Zubereitung

Die Zwiebeln anbraten, dann die Gewürze – außer Knoblauch – hineingeben und unter ständigem Rühren weiterbraten. Die Tomaten und den Knoblauch zufügen und kurz mitbraten. Zum Schluß den Blumenkohl dazugeben und alles gar dünsten. Wenn man frische Tomaten nimmt, muß man 1/2 Tasse Wasser beigeben.
Für 3 Personen.

Potato Pullao (Kartoffel-Reis)

Kartoffeln und Reis in ein und demselben Gericht zu mischen, scheint für den europäischen Geschmack schon beinahe verwegen; gelten doch beide als Beilagen, die man „entweder/oder" zu Fleisch- und Gemüsegerichten serviert. Die hier vorgestellte Kombination spricht jedoch für sich. Ausgezeichnet schmeckt dazu ein frischer Salat.

Zutaten
300 g Kartoffeln – gekocht und in Scheiben geschnitten
1/2 Tasse Reis
2 Zwiebeln – geschnitten
2 Eßl. Kokosraspeln
1 Handvoll grüner Blätter von frischen Zwiebeln – kleingeschnitten
2 Teel. Currypulver
2 Teel. Garam Masala
2 Teel. Koriander
1 Teel. Zimt
2 Knoblauchzehen – zerdrückt
4 Nelken
1/2 Teel. Turmeric
Salz
Pfeffer
Fett zum Braten

Zubereitung
Kartoffeln braten und beiseite legen. Zwiebeln und Zwiebelblätter anbraten, Gewürze hinzugeben und unter ständigem Rühren mitbraten. Kokosraspeln und Knoblauch hinzufügen

und unter ständigem Rühren 3 bis 4 Minuten weiterbraten. Inzwischen Reis kochen, bis er fast gar ist, dann die übrigen Zutaten hineingeben und fertig garen. Zum Schluß die Kartoffeln zufügen und alles noch einmal erhitzen.
Für 2 Personen.

Der Lakshmi Narayan-Tempel in Delhi wurde 1939 von Mahatma Gandhi eingeweiht

Cucumber Pachadi (Gurken-Pachadi)

Eine schnell zubereitete (kalte) Vorspeise oder Beilage, die z.B. sehr lecker zu indischem Brot schmeckt oder auch als Soße über knusprige Bratkartoffeln.

Zutaten
1 Gurke – geschnitten
1 Tasse Joghurt – geschlagen
1 Teel. Senfkörner
2 Teel. Koriander
Salz

Zubereitung
Die Senfkörner bearbeiten (siehe „Tips rund um die indische Küche“). Den Joghurt mit den Gewürzen vermischen, die gebratenen Senfkörner und die Gurke zugeben.
Für 4 Personen.

Peas Ghanta (Erbsen-Curry „Ghanta“)

Zutaten
250 g Erbsen oder 1 große Dose Erbsen
1 mittelgroße Kartoffel – gekocht und zerstampft
1/2 Teel. Turmeric
1 Teel. Kreuzkümmel
1/4 Teel. Zucker
2 Teel. Chilipulver
2 Lorbeerblätter
2 Tassen Milch
1 Teel. Salz

Zubereitung
Alle Gewürze leicht anbraten, dabei ständig rühren, damit sie nicht anbrennen – sehr wichtig! Die Erbsen und etwas Milch zufügen – die Masse darf nie ganz trocken werden, sonst brennt sie an. Während die Erbsen garen, die Milch nach und nach zuschütten. Zum Schluß die Kartoffel hinzufügen, um die Soße anzudicken. Wenn man Erbsen aus der Dose nimmt, ist die Kochzeit sehr gering.
Für 2 Personen.

Cashewnut Curry (Cashewnuß-Curry)

Eine für den europäischen Geschmack ungewöhnliche, aber sehr reizvolle Mahlzeit mit Nüssen als Hauptzutat.

Zutaten
100 g Cashewnüsse
2 Eßl. Kokosraspeln
100 g Tomaten – geschnitten
2 Lorbeerblätter
1/2 Teel. Turmeric
1 Teel. Garam Masala
2 Eßl. Quark
2 Teel. Koriander
2 Teel. Chilipulver
1 Teel. Salz
Öl zum Braten

Zubereitung
Die Cashewnüsse 1 Stunde in Wasser legen, anschließend das Wasser abschütten. 2 Eßl. Öl erhitzen und darin alle Gewürze, die Lorbeerblätter und die Kokosraspeln 5 Minuten bei schwacher Hitze braten. Aufpassen, daß die Zutaten nicht anbrennen. Tomaten, Quark und Salz zufügen und einige Minuten mitbraten. Alles mit Wasser bedecken und zum Kochen bringen, dann die Cashewnüsse zufügen und kochen, bis die Soße angedickt ist.
Für 2 Personen als Beilage.

Brinjal Curry (Auberginencurry)

Zutaten

500 g Auberginen
3 Teel. Chilipulver
1 Eßl. Koriander
Saft einer Zitrone
1 Teel. Turmeric
4 Eßl. Kokosraspeln
1 Teel. Senfkörner
1 Tasse Milch
1 Teel. Garam Masala
1 Teel. Salz

Zubereitung

Auberginen in Streifen schneiden, diese auf beiden Seiten mit Salz bestreuen und auf ein Tuch legen (etwa eine Stunde), damit die Flüssigkeit aus dem Gemüse ziehen kann; so saugen die Auberginen weniger Öl und andere Flüssigkeit auf.

2 Eßl. Öl erhitzen, die Senfkörner anbraten, bis sie aufknacken (siehe „Tips rund um die indische Küche“) und die Kokosraspeln sowie alle übrigen Gewürze zugeben. Dann kommen Auberginen, Zitronensaft und Milch dazu. Alles kochen, bis die Auberginen gar sind. (Da Auberginen die Eigenschaft haben, viel Flüssigkeit aufzusaugen, ist es nötig, etwas Wasser, Milch oder auch Tomatensaft zuzugießen.)

Für 2 Personen.

Brinjal and Tomato Curry
(Auberginen- und Tomaten-Curry)

Tomaten passen ausgezeichnet zu Auberginen, denn die Auberginen können im Tomatensaft langsam gar werden und so deren würziges Aroma aufnehmen.

Zutaten
500 g Auberginen
250 g Tomaten – geschnitten
2 Teel. Chilipulver
2 Teel. Garam Masala
2 Teel. Kreuzkümmel
2 Teel. Koriander
1 Teel. Ingwer
2 Knoblauchzehen – zerstampft
2 Zwiebeln – geschnitten
Tomatensaft – wenn nötig
1 Teel. Salz

Zubereitung
Auberginen vorbereiten (siehe „Tips rund um die indische Küche"). Zwiebeln und Knoblauch anbraten und dann alle anderen Gewürze hineingeben. Auberginen und Tomaten zufügen und in der bedeckten Pfanne schmoren lassen, bis sie gar sind. Es wird wahrscheinlich nötig sein, etwas Flüssigkeit hinzuzugeben, Tomatensaft eignet sich hierfür sehr gut. Am einfachsten ist es natürlich, eine Dose Tomaten (250 g) zu nehmen, dann hat man auch den Saft.
Für 3 Personen.

Tomato Curry (Tomaten-Curry)

Zutaten

4 große Tomaten – geschnitten
2 große Zwiebeln – geschnitten
1 Eßl. Kokosraspeln
2 Tassen Milch
1/2 Teel. Senfkörner
1/2 Teel. Turmeric
2 Teel. Koriander
2 Teel. Chilipulver
1 Teel. Ingwer
1 Teel. Salz

Zubereitung

Die Kokosraspeln verarbeiten (siehe „Tips rund um die indische Küche") und die Senfkörner anbraten (siehe „Tips rund um die indische Küche"). Dann die Zwiebeln, Kokospaste und restlichen Gewürze dazugeben und kurz mitbraten – dabei immer wieder umrühren. Tomaten und Milch zufügen und alles noch einmal aufkochen, bis die Tomaten gar sind.
Für 2 Personen als Beilage.

Potato and Onion Curry
(Kartoffel- und Zwiebel-Curry)

Angebratene Kartoffeln in Milchsoße, mit vielen aromatischen Gewürzen gegart, schmecken sehr gut.

Zutaten

250 g Kartoffeln – in Würfel geschnitten
2 Zwiebeln – geschnitten
2 Eßl. Kokosraspeln
2 Knoblauchzehen – zerdrückt
1 Tasse Milch
2 Nelken
1 Teel. Zimt
1 Teel. Ingwer
2 Teel. Koriander
2 Teel. Kreuzkümmel
2 Teel. Currypulver
2 Lorbeerblätter
Salz und Pfeffer

Zubereitung

Zwiebeln und Gewürze zusammen unter ständigem Rühren anbraten. Dann Kokosraspeln, Knoblauch und Kartoffeln zugeben und noch einige Minuten mitbraten, dabei weiterrühren. Anschließend mit Milch auffüllen und bei mittlerer Temperatur garen lassen. Eventuell ist es nötig, mehr Milch zuzugeben.
Für 2 Personen.

Beans and Potato Curry
(Bohnen- und Kartoffel-Curry)

Die Inder sehen Kartoffeln als Gemüse an und verwenden aus diesem Grund weniger Kartoffeln in ihren Gerichten, als wir es gewöhnt sind. In Indien ißt man diesen Curry gewöhnlich mit Reis. Ich habe allerdings etwas mehr Kartoffeln und keinen Reis angegeben, da man dann nur einen Topf zu benutzen braucht.

Zutaten
400 g Kartoffeln – in Würfel geschnitten
300 g Bohnen – geschnitten
400 g Tomaten aus der Dose
2 Teel. Currypulver
2 Teel. Koriander
2 Teel. Kreuzkümmel
Salz
Fett zum Braten

Zubereitung
Kartoffeln und Bohnen kurz anbraten. Gewürze zugeben und unter ständigem Rühren weiterbraten. Die Tomaten hineingeben und alles garen. Es ist ratsam, Tomaten aus der Dose zu verwenden, da man den Saft auch benötigt. Falls man frische Tomaten nehmen möchte, muß zusätzlich 1 Tasse Wasser hineingegeben werden.

Beans and Cauliflower Curry
(Bohnen- und Blumenkohl-Curry)

Zutaten

150 g grüne Bohnen – geschnitten
150 g Blumenkohl – in Röschen geschnitten
2 große Zwiebeln – geschnitten
1 Joghurt
1 Tasse Wasser
2 Teel. Koriander
2 Teel. Kreuzkümmel
1 Teel. Garam Masala
1/2 Teel. Zimt
1/2 Teel. Muskat
1/2 Teel. Turmeric
2 Nelken
2 Lorbeerblätter
Salz

Zubereitung

Den Blumenkohl sowie die Bohnen und Zwiebeln unter ständigem Rühren kurz anbraten. Dann die Gewürze unterrühren, alles mit Wasser auffüllen und garen. Eventuell ist mehr Wasser als angegeben nötig. Zum Schluß den Joghurt hineinrühren und den Curry nochmals kurz erhitzen.
Für 2 Personen.

Courgette Curry (Zucchini-Curry)

Dieser Gemüsecurry ist eine ideale Ergänzung zu Fleisch- oder Fisch-Curries.

Zutaten

500 g Zucchinis – in Scheiben geschnitten
2 Zwiebeln – geschnitten
2 Tomaten – geschnitten
1/2 Tasse Wasser
2 Knoblauchzehen – zerdrückt
2 Teel. Koriander
2 Teel. Kreuzkümmel
2 Teel. Garam Masala
Salz

Zubereitung

Die Zwiebeln anbraten. Den Knoblauch sowie die übrigen Gewürze dazugeben und alles kurz unter ständigem Rühren weiterbraten. Dann die Tomaten und Zucchinis hinzufügen und alles einige Minuten schmoren lassen. Wasser dazugießen und fertig garen lassen.
Für 2 Personen.

Pumpkin Curry (Kürbis-Curry)

Dieses Kürbisgericht, mit Ingwer und anderen indischen Gewürzen verfeinert, hat einen aparten Geschmack und ist sehr schnell gar.

Zutaten
500 g Kürbis – in Streifen geschnitten
2 Eßl. Milch
2 Teel. Koriander
2 Teel. Kreuzkümmel
2 Teel. Garam Masala
1 Teel. Ingwer
1 Teel. Chilipulver
1/2 Teel. Turmeric
1 Lorbeerblatt
Salz

Zubereitung
Die Gewürze unter ständigem Rühren anbraten, dann die Kürbisstücke hineingeben und, ebenfalls unter ständigem Rühren, mitbraten. Nach einigen Minuten die Milch hinzugeben und alles bei niedriger Hitze garen.
Für 4 Personen als Beilage.

Pumpkin Masala (Gewürz-Kürbis)

Eine typisch indische Komposition aus süß und scharf.

Zutaten
200 g Kürbis – in Stücke geschnitten
2 Teel. Kreuzkümmel
2 Teel. Koriander
2 Teel. Chilipulver
2 Lorbeerblätter
Salz
Zucker nach Geschmack (nur wenn man frischen Kürbis nimmt, dann etwa 2 Teel.)

Zubereitung
Die Gewürze kurz anbraten. Dann die Kürbisstücke dazugeben und kurz unter ständigem Rühren mitbraten. Etwas Wasser dazugeben, damit nichts anbrennt, und schmoren lassen, bis der Kürbis gar ist. Bei frischem Kürbis etwas Zucker zugeben. Wenn man Dosen- oder eingemachten Kürbis verwendet, ist dieser oft schon gesüßt, man braucht dann keinen Zucker mehr. Während des Garens muß öfters etwas Wasser nachgefüllt werden.
Für 2 Personen.

Beans with Ginger (Grüne Bohnen mit Ingwer)

Eine indisch-scharfe Variante für die Zubereitung von Bohnen.

Zutaten
200 g grüne Bohnen
2 Teel. Ingwer
2 Teel. Garam Masala
2 Teel. Kreuzkümmel
1 Eßl. Koriander
2 Teel. Chilipulver
1 Eßl. Zitronensaft
1/2 Teel. Turmeric
1/2 bis 1 Tasse Wasser
Salz
Fett zum Braten

Zubereitung
Die Gewürze zusammen mit den Bohnen unter ständigem Rühren anbraten – etwa 2 bis 3 Minuten. Dann Wasser zugeben und gar dünsten. Immer darauf achten, daß das Gericht nicht zu trocken wird; sonst brennt es an. Im Bedarfsfall etwas Wasser dazugießen.
Für 3 Personen.

Dhal

Dhalgerichte gehören einfach in jedes indische Kochbuch, weil diese Hülsenfrüchte (Linsen) eines der Hauptnahrungsmittel der ärmeren Bevölkerung Indiens sind (siehe „Tips rund um die indische Küche").

Zutaten
1 Tasse Dhal (Linsen) in 2 Tassen Wasser eingeweicht
2 Zwiebeln – geschnitten
2 Knoblauchzehen – zerdrückt
2 Teel. Koriander
2 Teel. Kreuzkümmel
1 Teel. Salz
1/2 Teel. Pfeffer

Zubereitung
Dhal über Nacht in Wasser einweichen und im selben Wasser gar kochen; es muß ein Brei entstehen. Zwiebeln, Knoblauch und Gewürze anbraten, in den Dhal hineinrühren und alles nochmals 2 Minuten kochen. Falls das Gericht zu trocken wird, 2 bis 3 Eßl. Milch hineingeben.
Für 2 Personen.

Ladies' Fingers (Okra-Gemüse)

Bei uns wenig bekannt und nicht gerade billig – die Okras (siehe auch „Tips rund um die indische Küche"). Aber man braucht für das Gericht nicht sehr viele Okras, und wer erst einmal gekostet hat, wird den exquisiten Geschmack dieses exotischen Gemüses nicht das letzte Mal genossen haben.

Zutaten
200 g Okras
1 große Tomate – geschnitten
1 Zwiebel – geschnitten
2 Knoblauchzehen – zerdrückt
1 Teel. Chilipulver
1 Teel. Turmeric
2 Teel. Koriander
1 Eßl. frische Minze – kleingehackt (man kann auch Pfefferminztee nehmen)
1/2 Teel. Salz

Zubereitung
Die Zwiebeln und den Knoblauch mit den übrigen Gewürzen anbraten, dann die vorbereiteten Okras (siehe „Tips rund um die indische Küche") dazugeben und in wenig Wasser kochen, bis alles gar ist. Zum Schluß frische Minze hineinrühren und dann noch einmal kurz aufkochen.
Für 2 Personen als Beilage.

Fried Brinjals (Gebratene Auberginen)

Zutaten
250 g Auberginen – geschnitten (etwa 3 – 4 cm dicke Scheiben)
Paste
1 Teel. Turmeric
1 Teel. Koriander
1 Teel. Kreuzkümmel
2 Eßl. Zitronensaft

Zubereitung
Auberginen bearbeiten (siehe „Tips rund um die indische Küche"). Die Zutaten für die Paste vermischen und auf beide Seiten der Auberginenstücke streichen. Dann die Auberginenstücke von beiden Seiten gar braten (etwa 10 Minuten).
Für 4 Personen als Beilage.

Pullaos (Reisgerichte)

Vegetable Pullao (Gemüse-Pullao)

Dieses Gericht läßt sich gut variieren, indem man andere als die angegebenen Gemüsesorten nimmt.

Zutaten
1 Tasse Reis
1 große Zwiebel – geschnitten
2 Teel. Koriander
2 Teel. Kreuzkümmel
2 Teel. Currypulver
150 g Kohl – kleingeschnitten
1 große Möhre – in Scheiben geschnitten
100 g grüne Bohnen – geschnitten
1 große Tomate – geschnitten
1/2 Tasse Rosinen
1/2 Tasse Nüsse – kleingehackt
5 Nelken
1 Teel. Zimt
3 Tassen Wasser
Salz

Zubereitung
Die Zwiebel anbraten, dann die Gewürze dazugeben und unter ständigem Rühren ebenfalls anbraten. Anschließend sämtliches Gemüse zufügen und bei geringer Hitze mitbraten. Aufpassen, daß nichts anbrennt, also immer wieder umrühren.

Nach einigen Minuten die Nüsse und Rosinen hineingeben sowie 1/2 Tasse Wasser und alles schmoren lassen.
Wenn das Gemüse halbgar ist, den Reis dazugeben und mit dem restlichen Wasser auffüllen. Noch so lange köcheln lassen, bis das Gemüse und der Reis gar sind.
Für 2 Personen.

Unwegsame Einsamkeit – Bergwelt in Nepal

Pullao with Lamb (Lamm-Pullao)

Dieses Gericht wird in zwei Arbeitsgängen hergestellt, die Zubereitung erfordert daher etwas mehr Zeit, aber der Reis, in der Brühe gekocht, schmeckt auch doppelt so gut.

Zutaten
250 g Lammfleisch – in Würfel geschnitten
1 Tasse Reis
2 Zwiebeln – geschnitten
4 Knoblauchzehen – zerdrückt
6 Tassen Flüssigkeit aus Fleischbrühe und Fleischbrühwürfeln
4 Lorbeerblätter
1 Stück Ingwer – ca. 2,5 cm
3 Kardamomsamen
5 Nelken
2 Teel. Kreuzkümmel
1 Teel. Ingwer
2 Teel. Koriander
Salz

Zubereitung
Lorbeerblätter, Kardamomsamen, Nelken, Knoblauch, Ingwer und 3 Tassen Wasser zusammen mit dem Fleisch zum Kochen aufsetzen. Etwa 3/4 Stunde kochen lassen, dann die Gewürze herausnehmen, sie werden nicht mitgegessen.
Zwiebeln, Fleisch und die restlichen Gewürze kurz anbraten, den Reis dazugeben und dann 3 Tassen Flüssigkeit dazugeben. (Da die im 1. Arbeitsgang hergestellte Gewürzflüssigkeit keine drei Tassen mehr ergibt, muß die fehlende Menge durch aus Brühwürfel und kochendem Wasser hergestellte

Brühe ergänzt werden. Auf keinen Fall pures Wasser zuschütten.) Bei niedriger Temperatur köcheln lassen, bis der Reis gar ist.
Für 2 Personen.

Garzeit: 1 Stunde 10 Minuten

Die reich verzierte Fassade des Taj Mahal

Chicken Pullao (Hähnchen-Pullao)

Eine Pullao-Variation, dieses Mal mit Hähnchenfleisch, Nüssen und Sultaninen.

Zutaten
2 Tassen Reis
1/2 Hähnchen – etwa 500 g – zerteilt
2 Zwiebeln – geschnitten
1/2 Tasse Sultaninen
1/2 Tasse Nüsse – grob zerkleinert (man kann alle Nüsse verwenden, auch Cashewnüsse oder Mandeln)
4 Nelken
4 Kardamonsamen
1 Teel. Zimt
1 Teel. Garam Masala
2 Teel. Koriander
2 Teel. Kreuzkümmel
Salz

Zubereitung
Das Hähnchen fast gar kochen und beiseitestellen, die Hähnchenbrühe abgießen und aufheben. Die Zwiebeln anbraten, dann die anderen Gewürze unter ständigem Rühren dazugeben und kurz mitbraten. Den Reis hineingeben, Hähnchenbrühe dazugießen und noch soviel Wasser zugeben, daß etwa 3 cm Flüssigkeit über Zwiebeln und Reis steht.
Bei niedriger Temperatur kochen. Kurz bevor der Reis gar wird, die Nüsse, Rosinen und das Hähnchenfleisch hinzufügen und fertig garen.
Für 2 bis 3 Personen.

Garzeit: etwa 1 Stunde

Rice Dream (Reis-Traum)

Eine leckere Reisspezialität mit ungewöhnlicher Gewürzkombination – unbedingt probieren!

Zutaten
1 Tasse Reis
2 Tassen Milch
2 Zwiebeln – kleingehackt
4 Eßl. Tomatenketchup
1 Teel. Chilipulver
1 Teel. Zimt
3 Eier – geschlagen
1 Eßl. Petersilie – gehackt
1 Tasse Käse – gerieben
1/2 Teel. Turmeric
4 Knoblauchzehen – zerdrückt
2 Teel. Kreuzkümmel
Salz
Fett zum Braten

Zubereitung
Reis in Milch gar kochen. Zwiebeln anbraten, Gewürze und Knoblauch hinzugeben und unter ständigem Rühren weiterbraten. Gekochten Reis dazugeben und umrühren. Eier mit Tomatenketchup gut verrühren und unterheben. Dann Käse und Petersilie dazugeben und alles noch einmal umrühren. 3 Minuten bei mittlerer Temperatur garen. Vor dem Servieren mit Salz abschmecken.

Rice and Spices (Reis und Gewürze)

Reis wird in der Regel als eher neutral schmeckende Beilage serviert. Hier ein Rezept, durch das die einfache Beilage zu einer eigenen kleinen Delikatesse wird.

Zutaten
1 Tasse Reis
2 Zwiebeln – geschnitten
3 Lorbeerblätter
6 Nelken
8 Pfefferkörner
1/4 Teel. Kardamompulver
1/2 Teel. Zimt
1/2 Teel. Muskat
1 Teel. Turmeric
2 1/2 Tassen Wasser
Salz

Zubereitung
Zwiebeln und Gewürze kurz anbraten, den Reis hineingeben. Einmal umrühren und Wasser dazugeben. Bei *offenem Topf* garen, bis das Wasser verdampft ist. Gelegentlich einmal umrühren.
Für 2 Personen.

Garzeit: 35 Minuten

Coconut Rice (Kokosnußreis)

Ein exotisches Reisgericht, mit Currypulver abgeschmeckt. Diese Reismischung ist sehr gut als Beilage geeignet.

Zutaten
1 Tasse Reis
50 g Cashewnüsse
1 Tasse Kokosraspeln
1 Eßl. Currypulver
2 Teel. Chilipulver
Salz
Pfeffer
Fett zum Braten

Zubereitung
Die Cashewnüsse 1 Stunde in Wasser einweichen; inzwischen den Reis kochen.
2 Eßl. Fett in die heiße Pfanne geben und die Cashewnüsse (Einweichwasser vorher abschütten), Kokosraspeln und Gewürze unter ständigem Rühren 5 Minuten anbraten. Vorsicht! Die Kokosraspeln brennen leicht an. Daher gegebenenfalls mit der Temperatur heruntergehen. Dann den Reis in die Kokosmischung geben und gut verrühren.
Für 2 bis 3 Personen.

Peas Pullao (Erbsen-Pullao)

Zutaten
1 gehäufte Tasse Reis
100 g Erbsen
1/2 l Fleischbrühe (aus Brühwürfeln)
2 Lorbeerblätter
2 Kardamomsamen
3 Nelken
Salz

Zubereitung
Reis und Erbsen in einen Topf geben und die Fleischbrühe dazugießen. Zum Kochen bringen und die Gewürze zugeben. Bei niedriger Temperatur garen, bis die gesamte Flüssigkeit verdampft ist.
Für 3 Personen.

Indian Spicy Rice (Indischer Gewürz-Reis)

Zutaten

1 1/2 Tassen Reis – gekocht
3 Teel. Kreuzkümmel
2 große Zwiebeln – geschnitten
5 Tomaten – geschnitten (oder 1 Dose)
100 g Cashewnüsse (oder Cocktail-Nüsse)
2 Knoblauchzehen – zerdrückt
3 Teel. Koriander
1 Teel. Turmeric
1 Teel. Ingwer
1/2 Teel. Chilipulver
1/2 Teel. Pfeffer
1 Teel. Salz

Zubereitung

Die Nüsse eine Stunde in warmem Wasser einweichen.
Die Zwiebeln anbraten, alle Gewürze zufügen und unter ständigem Rühren eine Minute mitbraten. Dann die Tomaten und Nüsse zugeben und 10 Minuten dünsten lassen. Den Reis hineinrühren, gut vermischen und alles vor dem Servieren noch einmal aufwärmen.
Für 2 Personen.

Obstcurries

Mixed Fruit Curry (Gemischter Obst-Curry)

Eine erfrischende Beilage zu Fleisch-, Fisch-, Eier- und Gemüsegerichten.

Zutaten
1 Banane – in Scheiben geschnitten
1 Birne – in Stücke geschnitten
1 Pfirsich – in Stücke geschnitten
1 Eßl. Sultaninen
2 Zwiebeln – geschnitten
1 Tasse Buttermilch
1 Teel. Garam Masala
1 Teel. Ingwer
1 Teel. Turmeric
1 Teel. Koriander
Salz

Zubereitung
Das Obst schälen und kleinschneiden. Dann die Zwiebeln und Gewürze unter ständigem Rühren anbraten. Das Obst zugeben, die Buttermilch hineingießen und alles garen, bis das Obst weich ist.
Für 4 Personen als Beilage.

Peach Curry (Pfirsich-Curry)

Zutaten

4 Pfirsiche – geschält und in Stücke geschnitten
1 Tasse Kokosnußmilch (siehe „Tips rund um die indische Küche")
1 Zwiebel – feingehackt
1 Teel. Currypulver
1 Teel. Kreuzkümmel
1 Teel. Chilipulver
1/2 Teel. Turmeric

Zubereitung

Zwiebeln und Gewürze kurz anbraten. Pfirsichstücke hineingeben und kurz mitbraten. Kokosmilch zuschütten und den Curry dünsten, bis das Pfirsichfleisch weich ist.
Für 3 Personen.

Mangai Chundal (Mango-Curry)

Mangos lassen sich sehr gut mit indischen Gewürzen zubereiten, woraus dann ein wunderbar aromatischer Curry entsteht.

Zutaten
1 große Mango – geschält und in Stücke geschnitten
250 g Erbsen (entweder gekocht oder aus der Dose)
1 große Zwiebel – geschnitten
2 Teel. Chilipulver
1 Teel. Senfkörner
1/2 Teel. Turmeric
1 Eßl. Kokosraspeln
2 Teel. Koriander
1 Teel. Salz
Fett zum Braten

Zubereitung
Die Kokosraspeln unter ständigem Rühren in etwas Öl braten, bis sie goldbraun sind.
2 Eßl. Öl in einer anderen Pfanne erhitzen und darin die Senfkörner anbraten (siehe „Tips rund um die indische Küche"). Dann die Zwiebel und die übrigen Gewürze hinzufügen und mitbraten, bis die Zwiebel sich bräunt. Die Mangostücke und Kokosraspeln zugeben und bei bedeckter Pfanne schmoren lassen, bis die Mangostücke gar, d.h. weich sind. Zum Schluß die Erbsen hineingeben, alles noch einmal umrühren und durchwärmen lassen.
Für 2 Personen als Beilage. *(Foto S. 39)*

Pineapple Kalan Kerala (Ananas Kalan Kerala)

Ein Gericht aus dem Süden Indiens.

Zutaten
1 frische Ananas (oder Dosenfrucht ohne Saft)
100 g Kokosraspeln
1 Tasse Buttermilch
1/2 Teel. Senfkörner
2 Teel. Chilipulver
1/2 Teel. Turmeric
1 Zwiebel – geschnitten
1 Teel. Kreuzkümmel
1 Teel. Salz

Zubereitung
Mit frischer Ananas
Ananas schälen und in Scheiben schneiden. Kokosraspeln mit etwas Wasser zu einer Paste stampfen (siehe „Tips rund um die indische Küche"). Ananas, Salz und Turmeric in einem Kochtopf mit etwas Wasser bedeckt kochen, bis alles fast gar ist. Dann Buttermilch, Kokosraspel-Paste, Kreuzkümmel und Chilipulver hineingeben. Senfkörner anbraten (siehe „Tips rund um die indische Küche"), dazu die Zwiebel geben und goldgelb bräunen. Alles in den Kochtopf geben und gut umrühren.
Mit Ananas aus der Dose
Senfkörner anbraten (siehe „Tips rund um die indische Küche"). Zwiebel hinzugeben und kurz mitbraten, dann Kokosraspel-Paste (s. „Tips rund um die indische Küche") zufügen sowie alle anderen Gewürze, und diese unter Rühren ebenfalls

kurz mitbraten. Buttermilch dazugießen, durchrühren und alles 3 Minuten kochen lassen. Ananasstücke (ohne Saft) hineingeben, nochmals umrühren und erhitzen.
Für 2 Personen.

Inderin in ihrem farbenfrohen Sari

Papaya Curry

Die süße, saftige Papaya-Frucht stammt ursprünglich aus Mexiko, ist aber heute in allen tropischen und subtropischen Ländern beheimatet – und in Indien Grundlage für zahlreiche lekkere Curries.

Zutaten
1 Papaya – ungekocht
1 große Zwiebel – fein geschnitten
4 Knoblauchzehen – zerstampft
1 Tomate – geschält und geschnitten
100 g Kokosraspeln
2 Teel. Chilipulver
1 Teel. Ingwer
1/2 Teel. Turmeric
1 Teel. Salz

Zubereitung
Papaya schälen und in Stücke schneiden. Kokosraspeln und Knoblauch zu einer Paste zerstampfen (siehe „Tips rund um die indische Küche"). Zwiebel und alle übrigen Gewürze sowie die Paste hineingeben und anbraten, dabei öfter umrühren, damit nichts anbrennt. Dann Papaya, Tomate und eine Tasse Wasser hineingeben und bei bedeckter Pfanne schmoren, bis die Papaya gar ist, d.h. bis die Frucht weich ist. Wenn keine frische Papaya vorhanden ist, kann man eine Dosenfrucht nehmen. Nimmt man Papayas aus der Dose, wird die Frucht zuletzt hineingegeben, weil sie nur noch durchgewärmt werden muß. Für 2 Personen.

Bananen Curry

Eine interessante Curry-Komposition aus süß und scharf.

Zutaten
4 Bananen
1 Zwiebel – geschnitten
1 Tasse Kokosraspeln
2 Teel. Chilipulver
1 Teel. Currypulver
1/2 Teel. Turmeric
1/2 Teel. Zimt
Salz
Fett zum Braten

Zubereitung
Bananen der Länge nach durchschneiden, braten und beiseite legen. Dann Zwiebel und Kokosraspeln anbraten. Gewürze hineingeben und unter ständigem Rühren mitbraten. Wenn die Zwiebel gebräunt ist, die Bananen dazugeben und zusammen heiß servieren.
Für 2 Personen.

Partysnacks und andere Gerichte

Sago Baath

Dieses Sago-Gericht ist geschmacklich ein ausgezeichneter Ausgleich zu scharfen Curries.

Zutaten
1 Tasse Sago (Stärkeprodukt aus Maniokknollen)
2 Tassen Joghurt
1 Teel. Chilipulver
1 Teel. Senfkörner
1 Teel. Ingwerpulver
2 Teel. Currypulver
1/4 l Wasser
Salz

Zubereitung
Sago waschen, 15 Minuten in 1/4 l Wasser stehen lassen und anschließend im selben Wasser weichkochen. Senfkörner bearbeiten (siehe „Tips"), zusammen mit den anderen Gewürzen zum Sago geben, gut umrühren und 1 bis 2 Minuten weiterkochen. Etwas abkühlen lassen. Joghurt und Salz daruntermischen und kalt servieren.
Für 4 Personen.

Bhajai (Teigwaren-Snack)

Die Bhajais kann man sehr gut als ungewöhnliche Köstlichkeit auf Parties oder als Snack zusammen mit Drinks servieren.

Zutaten
1 Tasse Mehl
1 Teel. Backpulver
1 kleine Zwiebel – feingehackt
1 kleine Kartoffel – feingehackt
50 g Blumenkohl – feingehackt
1 Teel. Kreuzkümmel
1 Teel. Currypulver
1 Teel. Chilipulver
1/2 Teel. Turmeric

Zubereitung
Mehl und Backpulver vermischen, etwas Wasser zufügen, dann Kartoffel, Blumenkohl und Gewürze beigeben. Alles gut umrühren und mit soviel Wasser vermengen, daß man einen Teig von der Konsistenz eines Kuchenteiges kneten kann. Jeweils einen Teelöffel Teig nehmen und in sehr heißem Fett schwimmend ca. 1 bis 2 Minuten braten, bis die Teigstücke goldbraun sind.

Carrot Vadai (Möhren Vadai)

Diese Bällchen aus Möhren, Kokosraspeln und Mehl sind eine sehr wohlschmeckende Zwischenmahlzeit und gut als exotischer Imbiß für eine Party geeignet. Man kann sie aber auch als Hauptmahlzeit mit Salat servieren.

Zutaten
100 g Möhren – gerieben
100 g Mehl
1 Eßl. Kokosraspeln
2 Eßl. Nüsse – gerieben
2 Teel. Koriander
1 Teel. Garam Masala
1 Teel. Ingwerpulver
1/2 Teel. Turmeric
Salz

Zubereitung
Das Mehl mit den übrigen Zutaten vermischen. Etwas Wasser dazugeben, bis man einen steifen Teig erhält. Falls man zuviel Wasser genommen hat und die Bällchen nicht gut zusammenhalten, einfach noch etwas Mehl zugeben und den Teig nochmals gut durchkneten.
Den Teig 1/4 bis 1/2 Stunde stehenlassen. Dann daraus kleine Bällchen formen und diese in reichlich heißem Fett schwimmend goldgelb braten. Dies dauert etwa 3 bis 4 Minuten.
Ergibt etwa 6 Stück. *(Foto S. 35)*

Rice Koftas (Reis-Koftas)

Das schmeckt zu jeder Gelegenheit: knusprige Käse-Reis-Frikadellen.

Zutaten
1 Tasse Reis
2 Tassen Milch
2 Zwiebeln – kleingehackt
1 Tasse Käse – gerieben
4 Eßl. Tomatenketchup
4 Knoblauchzehen – zerdrückt
1 Eßl. Petersilie
1 Teel. Kreuzkümmel
1/2 Teel. Turmeric
1/2 Teel. Currypulver
Zum Panieren
2 Eier – geschlagen
Paniermehl

Zubereitung
Den Reis in Milch kochen und abkühlen lassen. Die anderen Zutaten, außer dem Ei und Paniermehl, in einer Schüssel mischen, dann diese Käsemischung mit dem Reis verrühren und aus der Masse kleine Bällchen formen. Die Reisbällchen in Ei und Paniermehl wälzen und in heißem Fett schwimmend knusprig braten.
Für 2 bis 3 Personen.

Coconut Layered Cake
(Kokosnuß-Schichtkuchen)

Ein sehr leckerer Schichtkuchen, der leicht zuzubereiten ist. Man muß jedoch ein bißchen Zeit investieren, weil jede Schicht separat gebacken wird.

Zutaten
Für die Kokosmilch
250 g Kokosraspeln
1/2 l Wasser
Für den Teig
100 g Butter
75 g Zucker
100 g Mehl
6 Eigelb
1/2 Teel. Muskat
1/2 Teel. Zimt

Zubereitung
Kokosmilch
Kochendes Wasser über die Kokosflocken gießen und 30 Minuten stehenlassen. Anschließend durch ein Tuch abseihen und fest auspressen. Die so gewonnene Flüssigkeit, Kokosmilch, beiseitestellen. Die ausgepreßten Flocken werden nicht weiter verwendet.
Teig
Eigelb und Zucker schaumig rühren, Kokosmilch langsam hineingeben und verrühren. Anschließend Mehl und Gewürze unterheben. Eine feuerfeste Form von etwa 20 cm Durchmesser mit reichlich weicher Butter einfetten. 1/8 des Teiges als dünne

Schicht hineingeben und im vorgeheizten Ofen bei 220 °C 10 Minuten lang backen.
Die Form herausnehmen und weiche Butter über den Teig streichen. Eine weitere Teigschicht darübergießen und die Prozedur so lange wiederholen, bis der Teig aufgebraucht ist. Zum Abschluß die restliche Butter darüberstreichen und den Kuchen 30 Minuten stehen lassen. Nach dem Abkühlen auf eine Kuchenplatte stürzen.

Desserts

Peaches in Joghurt (Pfirsiche in Joghurt)

Inder nehmen für diese fruchtige Nachspeise Mangos, aber Pfirsiche eignen sich auch sehr gut, sie haben einen ähnlichen Geschmack.

Zutaten
4 Pfirsiche (oder Mangos) – geschält und kleingeschnitten
2 Eßl. Kokosraspeln
1 Eßl. Walnüsse – gerieben
Zucker nach Geschmack
5 Tropfen Rosenwasser

Zubereitung
Pfirsiche und Joghurt vermischen und dann pürieren. Alle anderen Zutaten hinzugeben, gut vermischen und kaltstellen.
Für 4 Personen.

Sultanas in „Quark“ (Sultaninen in Quark)

Den besonderen Pfiff geben dieser Nachspeise die gebratenen Sultaninen.

Zutaten
1 Tasse Sultaninen
400 g Quark
1 Tasse Milch
1/2 Teel. Turmeric
1/2 Teel. Ingwer
1/2 Teel. Kardamompulver
Zucker nach Geschmack

Zubereitung
Sultaninen in Butter 1 bis 2 Minuten braten. Quark und Milch cremig schlagen, Gewürze dazugeben und gut umrühren. Danach Sultaninen hineingeben und verrühren. Kaltstellen.
Für 4 Personen.

Fried Dates (Gebratene Datteln)

Zutaten

200 g getrocknete Datteln
1 gehäufter Eßl. Walnüsse – ganz fein gehackt
150 g süße Sahne (man kann auch saure Sahne nehmen)

Zubereitung

Datteln in heißem Fett ganz kurz anbraten, etwa 1/2 Minute. In eine Schüssel geben, saure oder süße Sahne darübergießen und mit Nüssen überstreuen. Sofort servieren.
Für 2 Personen.

Papaya Special

Papaya ist meine Lieblingsfrucht, leider ist sie in Deutschland sehr teuer und schmeckt oft weniger intensiv als im Herkunftsland. Aber auch importierte Papaya schmeckt so köstlich, daß dieses Dessert die Krönung jeder Mahlzeit ist.

Zutaten
1 Papaya (etwa 400 g)
1 Eßl. Mandeln – kleingehackt
1 Tasse Joghurt (oder Quark)
Zucker nach Geschmack

Zubereitung
Papaya und Joghurt zusammen pürieren. Mandeln und Zucker hineinrühren. In Gläser füllen und kaltstellen.
Für 2 Personen. *(Foto S. 63)*

Kheer (Milchreis-Dessert)

Ein Milchreis-Dessert, das ganz anders schmeckt als die bei uns bekannten Milchreisspeisen.

Zutaten
1 Tasse Milchreis
4 Tassen Milch
5 Kardamomsamen
1 Eßl. Mandeln – gerieben
1/2 Teel. Turmeric
1/2 Teel. Ingwer
1/2 Tasse Sultaninen
Zucker nach Geschmack

Zubereitung
Reis, Milch, Kardamomsamen, Turmeric und Ingwer zusammen kochen, bis der Reis gar ist, etwa 20 bis 25 Minuten. Sultaninen kurz (etwa 1 bis 2 Minuten) in Butter braten. Zucker, Nüsse und Sultaninen in den Reis mischen. Heiß oder kalt servieren.
Für 3 Personen.

Apricot Payasam (Aprikosen-Pudding)

Dieses Dessert bekommt durch die Aprikosen einen etwas säuerlichen Geschmack, aber es ist sehr erfrischend und leicht bekömmlich, besonders nach einer schweren Mahlzeit. In Indien werden oft Mangos statt Aprikosen genommen.

Zutaten
400 g Aprikosen
1 Tasse Kokosmilch (siehe „Tips rund um die indische Küche")
1/2 Teel. Kardamompulver
1/2 Tasse Sultaninen
1/2 Tasse Kokosraspeln
Für den Sirup
1/2 Tasse braunen Zucker
1 Tasse Wasser

Zubereitung
Aprikosen schälen und entsteinen. Den Zucker etwa 20 Minuten im Wasser kochen, bis ein Sirup entstanden ist.
Aprikosen in einen Topf geben, etwas Wasser zufüllen und weichkochen, anschließend pürieren. Aprikosenpüree, Sirup und Kokosmilch vermischen und etwa 2 bis 3 Minuten kochen. Kardamompulver hineinmischen. Sultaninen und Kokosraspeln etwa 2 Minuten in Butter braten, zu der Aprikosenmischung geben, umrühren und kalt werden lassen. Kalt oder warm servieren.
Für 4 Personen.

Banana Halva

Dies ist ein typischer, aber leider in der Herstellung etwas langwieriger indischer Nachtisch. Da die Zubereitung jedoch nicht sehr kompliziert ist, kann man die Halvas bequem während der übrigen Essensvorbereitung oder einer anderen Hausarbeit herstellen.

Zutaten
2 1/2 Eßl. Butter
3 Bananen
1/2 Tasse Zucker
1/4 Teel. Kardamompulver
1/2 Teel. Turmeric
Mandeln zur Dekoration – zerhackt

Zubereitung
Bananen in 2 Eßl. Butter anbraten und mit der Gabel zerquetschen. Die anderen Zutaten, außer den Nüssen, dazugeben und etwa 25 bis 30 Minuten weiterbraten, bis eine feste, klebrige Masse entsteht. Dann 1/2 Eßl. Butter zugeben und weiterbraten. Man muß während dieses Prozesses immer wieder umrühren, damit nichts anbrennt.
Nach etwa 20 Minuten ist die Bananenmischung dunkelbraun geworden. Dann wird das überflüssige Fett abgeschüttet. Man kann das Gericht jetzt heiß servieren oder auf einem Teller flach anpressen, mit Nüssen dekorieren und kalt werden lassen. Anschließend im Kühlschrank noch mindestens 2 Stunden stehen lassen.
Für 2 bis 3 Personen.

Garzeit: etwa 50 Minuten

Kulfi (Indische Eiscreme)

Diese selbstgemachte indische Eiscreme mit dem ungewöhnlichen Kardamomgeschmack ist wirklich etwas Besonderes, z.B. wenn Gäste kommen. Man wird Sie um das Rezept bestürmen.

Zutaten

1 l Milch
1 gehäufter Eßl. Walnüsse – sehr fein gehackt
1 ganzer Kardamomsamen – zerdrückt (oder im Mörser zerstampft)
1 1/2 Eßl. Zucker

Zubereitung

Milch langsam auf kleiner Flamme auf 1/3 l herunterkochen. Man muß am Anfang aufpassen, daß die Milch nicht überläuft. Das Herunterkochen dauert etwa 1 Stunde, man muß gelegentlich umrühren. Nach etwa 1/2 Stunde kommt der Kardamomsamen hinzu, er wird nach Ende der Kochzeit jedoch wieder herausgenommen. Dann die restlichen Zutaten hineingeben, durchschlagen und das Ganze abkühlen lassen. Nochmals gut durchschlagen. Danach in das Tiefkühlfach stellen und dort erstarren lassen. Mindestens 4 Stunden dort stehen lassen.
Für 4 Personen.

Joghurt and Sultana Treat
(Joghurt- und Sultaninenspeise)

Ein sehr schnell gemachter Nachtisch aus Zutaten, die Sie stets im Hause haben. Damit Sie auch bei unerwarteten Gästen nicht in Verlegenheit um ein köstliches Dessert kommen.

Zutaten
1 Tasse Sultaninen
2 Becher Joghurt
1/2 Teel. Kardamompulver
1/2 Teel. Turmeric
1 Eßl. Mandeln – gerieben

Zubereitung
Die Sultaninen kurz braten, bis sie angeschwollen sind – etwa 1/2 Minute. In einer Schüssel alle anderen Zutaten vermischen. Dann die Sultaninen hineingeben. Kaltstellen.
Für 3 Personen.

Banana Pudding (Bananen-Dessert)

Bananen mit Kokosmischung bestreut, im Ofen gegart. Diese Köstlichkeit ist blitzschnell vorbereitet und in 1/2 Stunde gar.

Zutaten
4 Bananen
1 Tasse Kokosraspeln
2 Eßl. braunen Zucker
1 1/2 Tassen Milch
1 Eßl. Mandeln – gerieben
1/2 Teel. Kardamompulver

Zubereitung
Die Bananen längs durchschneiden und in eine ofenfeste Schüssel legen. Kokosraspeln, Zucker, Kardamompulver und Mandeln vermischen, über die Bananen streuen und Milch darübergießen. Backofen auf niedrige Hitze stellen (etwa 130 °C). Das Gericht backen lassen, bis die Flüssigkeit verdampft ist und die Bananen weich sind.
Mit süßer oder saurer Sahne servieren.
Für 4 Personen.

Malpura (Indische Pfannkuchen)

Ein typisch indischer, sehr süßer Nachtisch. Die Inder wälzen jeden Pfannkuchen auf beiden Seiten in Sirup. Um dem europäischen Geschmack gerecht zu werden, schlage ich vor, sie nur mit einer Seite in den Sirup zu tauchen, damit sie nicht zu süß werden.

Zutaten
Für den Teig
1 Tasse Mehl
1 Teel. Backpulver
genug Milch, um einen zähflüssigen Teig zu erhalten
2 Teel. Anis
1/4 Teel. Kardamompulver
Für den Sirup
1/2 Tasse Zucker
1/2 Tasse Wasser
1 Teel. Rosenwasser

Zubereitung
Teig-Zutaten gut vermischen und dann 1/2 Stunde stehen lassen.
Sirup
Siehe „Tips rund um die indische Küche – Sirup zubereiten".
Pfannkuchen herstellen, wie es bei uns üblich ist, d.h. etwas Teig in 1 Teel. heißem Fett hin- und herschwenken, bis der Teig den Pfannenboden bedeckt. Solange backen, bis die untere Seite hellbraun ist, dann umdrehen und die andere Seite ebenfalls hellbraun backen. Wiederholen, bis der Teig verarbeitet ist. Jeden Pfannkuchen auf einer Seite in den Sirup legen, dann zusammenrollen und servieren.
Ergibt 4 Pfannkuchen.

Banana Puffs (Bananen-Taschen)

Teigtaschen, mit Bananen und Kokosraspeln gefüllt und in Fett ausgebacken.

Zutaten
2 Tassen Mehl
eine Prise Salz
2 Eßl. Butter oder Margarine
3 Bananen – geschält und geknetet
4 Eßl. Kokosraspeln
Buttermilch (um eine steife Masse zu erhalten)
1/2 Teel. Backpulver
Fett zum Braten

Zubereitung
Mehl, Salz und Backpulver vermischen. Butter und Buttermilch zufügen und gut verrühren – soviel Buttermilch verwenden, daß ein steifer Teig entsteht. Den Teig ausrollen und mit einem umgedrehten Glas kleine, runde Plätzchen ausstechen. Bananen und Kokosraspeln zusammenmischen. Einen Teelöffel Bananenmasse auf den Plätzchenteig häufen, den Teig zusammenklappen und die Kanten fest zusammendrücken. Jetzt hat man halbmondähnliche Formen. In heißem Fett ausbacken, bis sie goldbraun sind.

Mango Delight (Mango-Schmankerl)

Fruchtige, cremige, frische Süßspeise.

Zutaten
1 Mango (etwa 400 g) – geschnitten
1 Messerspitze Kardamompulver
1/2 Tasse Sahne – steifgeschlagen

Zubereitung
Mango pürieren. Kardamomgewürz hineinmischen und geschlagene Sahne darunterheben. Kaltstellen.
Für 3 Personen.

Frozen Orange „Quark"
(Gefrorener Orangenquark)

Schmeckt wie Eiscreme, nur viel leckerer – nicht nur, weil es selbstgemacht ist! In Indien wird dieses Dessert mit Joghurt zubereitet. Hier habe ich Quark angegeben, da dieser besser erstarrt.

Zutaten
2 Orangen – geschält
500 g Quark
1/2 Teel. Ingwer
50 g Mandeln – kleingehackt
Zucker nach Geschmack

Zubereitung
Orangen und Quark schlagen. Die übrigen Zutaten hineingeben und gut vermischen. 1 Stunde im Kühlschrank kaltstellen. Dann 2 Stunden im Gefrierfach erstarren lassen.
Für 4 Personen.

Getränke

Indian Tea (Indischer Tee)

In Indien wird Tee oft mit Milch zubereitet und mit vielen Gewürzen aromatisiert.

Zutaten
6 Tassen Milch
1 Tasse Wasser
3 Eßl. Tee
6 Kardamomsamen – mit der Gabel leicht angedrückt
1/2 Teel. Zimt
1 Teel. Ingwer
2 Nelken
6 Teel. Zucker (nach Geschmack)

Zubereitung
Alle Zutaten in die Milch geben und bei niedriger Temperatur 15 Minuten köcheln lassen. Die Inder trinken ihren Tee sehr süß.
Ergibt 6 Tassen.

Mango Drink

Ein erfrischendes, dickflüssiges Getränk. Man kann es auch ohne Wasser, nur mit dem Saft der Mangofrucht, zubereiten, dann wird das Getränk entsprechend flüssiger. Es wird allerdings auch teurer, weil man mehr Mangos braucht.

Zutaten
1 mittelgroße Mango – geschält und in Stücke geschnitten
1 Tasse Wasser
1/2 Teel. Kardamompulver
Zucker nach Geschmack
etwa 5 Tropfen Rosenwasser

Zubereitung
Mangostücke und Wasser in eine Schüssel geben und pürieren. Alle übrigen Zutaten zufügen, gut durchrühren und kaltstellen.

Jaggery Refresher
(Erfrischungsgetränk mit braunem Zucker)

Trotz des vielen Zuckers ist der „Jaggery“ erstaunlich erfrischend. Ein ausgezeichneter, alkoholfreier Party-Drink.

Zutaten
2 Eßl. brauner Zucker
Saft einer Zitrone
1/2 Teel. Kardamompulver
2 Tassen Wasser

Zubereitung
Zucker in Wasser auflösen. Zitrone und Kardamompulver hineingeben, umrühren und kaltstellen.
Ergibt 2 Tassen.

Curd Delight (Joghurt-Genuß)

Genau das Richtige für heiße Sommertage.

Zutaten
100 g Joghurt
eine Prise Salz
1/2 l Wasser
3 Eßl. Zucker
Saft einer Zitrone
Eiswürfel

Zubereitung
Zucker und Salz in Wasser auflösen. Joghurt mit dem Schneebesen schlagen und mit dem Wasser vermischen, nochmals schlagen, bis die Masse cremig ist. Kaltstellen. Vor dem Servieren Eis und Zitrone einrühren.
Für 2 Personen.

Ginger Lassi
(Joghurt-Getränk mit Ingwergeschmack)

Ein optimaler Durst-„Killer“.

Zutaten
300 g Joghurt
1 Tasse Wasser
1 gestrichener Teel. Ingwer
Zucker nach Geschmack

Zubereitung
Alle Zutaten gut durchschlagen oder verquirlen und kaltstellen.
Für 2 Personen.

Register
(Rezepte fettgedruckt)